Schrader-Motor-Chronik

Audi 50, 60, 75, 80, 90, 100

1965 - 1980

Schrader-Motor-Chronik

Audi 50, 60, 75, 80, 90, 100
1965 - 1980

Eine Dokumentation von Halwart Schrader

Schrader Verlag

Eine Haftung des Autors oder des Verlages und seiner Beauftragten für
Personen-, Sach- und Vermögensschäden ist ausgeschlossen.

ISBN 3-613-87152-1

Copyright © by Schrader Verlag, Postfach 103743, 70032 Stuttgart
Ein Unternehmen der Paul Pietsch Verlage GmbH + Co
1. Auflage 1996

Nachdruck, auch einzelner Teile, ist verboten.
Das Urheberrecht und sämtliche weiteren Rechte sind dem Verlag vorbehalten.
Übersetzung, Speicherung, Vervielfältigung und Verbreitung
einschließlich Übernahme auf elektronische Datenträger wie CD-Rom, Bildplatte usw.
sowie Einspeicherung in elektronische Medien wie Bildschirmtext, Internet usw.
ist ohne vorherige schriftliche Genehmigung des Verlages unzulässig und strafbar.

Lektorat: Mila Schrader
Herstellung: Stefanie Götz
Repro: Repro Schmid, 70469 Stuttgart
Druck: Gulde-Druck, 72070 Tübingen
Bindung: K. Dieringer, 70839 Gerlingen
Printed in Germany

Inhalt

Vorwort	6
Die Audi-Erfolgsstory	7
Audi (72) 1965 – 68	12
Audi 80 1966 – 68	16
Audi Super 90 1966 – 71	19
Audi (72) L 1967 – 72	25
Audi 60 1968 – 72	30
Audi 75 1968 – 72	37
Audi 100 1968 – 71	46
Audi 100 Coupé S 1970 – 76	55
Audi 100 GL 1971 – 76	66
Audi 80 1972 – 78	70
Audi 50 1974 – 78	84
Audi 80 GTE 1975 – 78	87
Audi 80 2. Generation 1978 – 80	88
Audi 100 2. Generation 1976 – 80	90
Technische Daten	92

Vorwort

Die Liebhaber der Automobilmarke Audi sind in bezug auf eine große Auswahl von Büchern bisher nicht gerade verwöhnt worden. Mit diesem Band in der Reihe Schrader-Motor-Chronik schließt sich daher eine Lücke. In zunehmendem Maße interessieren sich Kenner für frühe Audi-Modelle aus den sechziger und siebziger Jahren, und es sind keineswegs nur die beliebten Coupés, die sich bei ihnen eines Sammlerwertes erfreuen. Allmählich avancieren auch die Audi Super 90 und Audi 100 der ersten Generation, die flotten Audi 50 und die ersten GTE zu Raritäten.
Der Rückblick auf die Werbung für Audi Automobile in jenen Jahren ist aus zweierlei Sicht interessant: Zum einen lassen wir ein Stück Zeitgeschichte in Inseraten und Prospekten Revue passieren, zum anderen vermitteln uns diese Medien interessante Informationen über jene Autos, auf die es uns hier ankommt. Die Skala beginnt mit der Vorstellung des ersten Nachkriegs-Audi im Jahre 1965 und endet mit der Generation des Audi 80 und Audi 100, also vor der Einführung des ersten Quattro. Die Ingolstädter schrieben mit jenem Auto schließlich ein gänzlich neues Kapitel Automobilgeschichte.

Halwart Schrader

Die Audi-Erfolgsstory

Als die Auto Union im Spätsommer 1965 ein neues Modell unter der Markenbezeichnung Audi ankündigte, mußte sie einem Großteil ihrer Kundschaft nicht erst erklären, was es mit diesem historisch bedeutsamen Namen auf sich hatte. Viele erinnerten sich: Audi Personenwagen waren bis 1940 hergestellt worden und hatten sich stets bester Reputation erfreut. Daß 25 Jahre danach von den vier Auto Union-Marken nur DKW übriggeblieben war, es also keinen Horch, keinen Audi und keinen Wanderer mehr gab, lag an den Zeitumständen. Schließlich waren ja auch die Fabrikrate Maybach, Stoewer, Adler oder Hanomag nicht mehr vertreten. Und bei der einst in Sachsen angesiedelten Auto Union, nach 1945 enteignet und als »Volkseigener Betrieb« in der sowjetischen Besatzungszone neu gegründet, waren die firmenpolitischen Gegebenheiten nicht ganz unkompliziert. Der 1949 in Ingolstadt an der Donau vollzogene Neustart der Auto Union GmbH (West) ließ zunächst nur bescheidene Planziele zu. Man begann erst einmal mit der Herstellung von Motorrädern und Lieferwagen.

Der an der Donau und später auch in Düsseldorf gebaute DKW hatte traditionsgemäß einen Zweitaktmotor unter der rundlich geformten Haube. Man sah, roch und hörte diese Tradition in aller Deutlichkeit, und wenn es Kritik am DKW gab, dann galt sie eigentlich ausschließlich seiner bläulichen Auspuffahne. Denn die Fertigungsqualität des Wagens und vor allem seine Fahreigenschaften standen außer Zweifel. Der DKW wies seit jeher Vorderradantrieb auf, galt als zuverlässig, sicher und wirtschaftlich.

Seit 1932 hatte der Audi ebenfalls angetriebene Vorderräder. Und in dieser technischen Grundspezifikation erschien 1965 auch die Neuauflage dieses bewährten Automobilkonzeptes. Den humanistisch Gebildeten vermittelten die Audi-Werber diese Botschaft in einer Anzeigenserie mit Texten auf Lateinisch: Die Branche hatte ihr Tagesgespräch!

Auf die Tradition der Marke Audi hinzuweisen, bot sich geradezu an. Seit 1932 im Verbund der Auto Union, ging die Gründung dieses Fabrikats auf August Horch zurück, der 1910 die Lateinisierung seines Namens Audi (»höre!«) als Bezeichnung seiner neuen Firma wählte.

Als die Zweitakt-Ära sich in den sechziger Jahren ihrem Ende zuneigte, war Daimler-Benz im Besitz der Auto Union Aktienmajorität. Von Stuttgart kamen auch die Ingenieure um Ludwig Kraus, die sich um die Ausarbeitung neuer Ideen verdient machten. Doch bevor sie den ersten Audi auf die Räder stellten, sorgte der Konzern für einen neuen Partner, den er seiner Tochter zur Seite stellte: die Volkswagenwerk AG. Vier Jahre vor der Fusion mit der ebenfalls zur Disposition stehenden Firma NSU erfolgte die Übernahme der Auto Union durch Wolfsburg im dritten Quartal 1964.

Der neue Audi hatte zunächst einen noch mit Zweitaktmotor bestückten Vorgänger, den DKW F 102, der bis Februar 1966 angeboten wurde und sich damit um gut fünf Monate mit dem Audi überschnitt. Der DKW F 102 war sicher ein feiner Wagen, doch gegen seinen viertaktenden Nachfolger im fast identischen Gewand hatte er keine Chancen mehr.

Mit dem Audi wendete man sich in Ingolstadt natürlich in erster Linie an die bisherige DKW-Kundschaft, die sich Zweitakter hin, Zweitakter her – stets ungewöhnlich markentreu verhalten hatte. Aber man zielte auch ins Lager jener Käufer, die mit einem Ford 17 M, einem BMW 1800 oder einem Mercedes-Benz 190/200 sympathisierten.

Der vergleichsweise noble Audi sorgte auch für eine neue Motivation bei den Ingolstädter Autobauern. Mit dem Fahrzeug verjüngten sich gleichsam der Arbeits- und Führungsstil im Hause, was seine positiven Auswirkungen auf die gesamte Organisation hatte. Unter dem Dach von Volkswagen zeichneten sich gänzlich neue Perspektiven ab, und der Markterfolg des Audi sorgte dann auch für ein entsprechendes »feedback«. Auf der anderen Seite verzeichnete auch Wolfsburg einen hohen Gewinn durch Ingolstadt. Ein lebhafter Ideentransfer schlug sich in guten technischen Lösungen und Kampagnen nieder, und der ständige Wettbewerb, den sich beide Seiten lieferten, sorgte für Kreativität und hohe Qualitätsmaßstäbe auf allen Ebenen.

Die Form des Audi, auf der des DKW F 102 basierend und nur in Details verändert, stammte noch vom DKW-Konstrukteur Oskar Siebler, doch der Vierzylinder-Viertaktmotor war eine völlige Neuentwicklung. Wegen seiner Verdichtung von

Direkter Vorgänger des neuen Audi war der DKW F 102, der letzte in Ingolstadt hergestellte Personenwagen mit Zweitaktmotor (1964-1966).

11,2:1 sprach man in Ingolstadt von einem »Mitteldruckmotor« (Hochdruck = Dieselmotor). Es gab das Fahrzeug ab September 1965 sowohl in zwei- als auch in viertüriger Limousinenausführung, im Mai 1966 folgte ein Kombiwagen. Diplom-Ingenieur Ludwig Kraus war vom Audi anfänglich nicht sehr überzeugt. Für ihn war das Fahrzeug ein Bastard, wie er sich ausdrückte, denn sein Motor und das Auto, in welches er installiert werden sollte, kamen schließlich nicht aus einemGuß. Für einen ehemaligen Rennwagenbauer ein unterträglicher Gedanke. Doch Kraus, von Daimler-Benz an

Der wohl attraktivste Audi der frühen siebziger Jahre war das Coupé, an italienische Vorbilder erinnernd.

VW sozusagen »verkauft«, gab nicht auf. Unter seiner Ägide als Entwicklungschef in der »Ludwigsburg«, wie die Stätte seines Wirkens genannt wurde, avancierte der Bastard schließlich doch zu einem tüchtigen und gut verkäuflichen Automobil.

Die Modellpflege vollzog sich bei Audi in kurzen Abständen. Schon im September 1966 kam zum 72 PS starken Grundmodell eine stärkere Version hinzu, der Audi 80, mit dessen Erscheinen der Basistyp nachträglich (zumindest intern) zum Audi 72 erklärt wurde, der erst mit der Einführung des Audi 75 im Dezember 1968 verschwand; mit ihm der Audi 80. Dafür gab es ab Februar 1968 den Audi 60 als Einsteigermodell.

Man hatte die Wahl zwischen Zwei- und Viertürern, auch gab es von allen Ausführungen den »Variant« genannten

Audi 100 LS Baujahr 1972 auf dem Prüfstand. Neu war die elektronische Wartungsdiagnose.

1979er Audi 80 als Wohnwagen-Zugpferd mit Dachspoiler, der nach Ansicht von Fachleuten eine Kraftstoffeinsparung von bis zu 20 Prozent bewirkte.

Kombiwagen. Die Bezeichnung »Universal«, die man für die Kombis der Marke DKW benutzt hatte, war bei Mercedes verblieben, wie Daimler-Benz übrigens auch das Auto Union-Werk Düsseldorf nicht an VW weitergegeben hatte, sondern für die Herstellung von Kleinlastern nutzte.

Ab September 1966 hatte Audi auch ein stärkeres und insgesamt aufwendiger ausgestattetes Modell anzubieten, den Super 90. Diesen Wagen gab es bis zum August 1971, als er vom seit November 1968 angebotenen Audi 100 abgelöst wurde. Der Audi 100 durfte als der wohl ausgereifteste Vertreter dieser Baureihe bezeichnet werden.

Aber nicht nur eine neue Motorengeneration hielt mit dem Audi 100 ihren Einzug, sondern auch eine neue Karosserie, der man deutlich ansah, daß sie ursprünglich von Daimler-Benz-Reißbrettern stammte. Ab jetzt stimmte die Modellbezeichnung nicht mehr unbedingt mit der PS-Leistung überein, denn man konnte den Wagen auch mit 80 oder 90 PS erhalten. Ein Jahr später stellte Audi eine zweitürige Version vor, zwölf Monate später ging das 2+2-Coupé mit 115 PS starkem Motor in Produktion. Es war bis 1976 zu bekommen und ist heute mit Sicherheit das am meisten gesuchte Sammlerstück unter den Audis der jüngeren Generation.

Inzwischen hatte sich die Firmenbezeichnung geändert. Sie lautete nach der Fusion mit NSU im März 1969 ab August des gleichen Jahres Audi NSU Auto Union AG. Die abnehmenden Fertigungszahlen bei NSU in Neckarsulm vor allem beim Ro 80 glichen die nach dort verlagerte Herstellung des Audi 100 wieder aus. Somit gedieh dieser Wagen zu einem Produkt schwäbischer Wertarbeit. Zeitweilig lief der Audi 100 auch in Wolfsburg vom Band, so wie es auch einen in Ingolstadt gebauten VW Käfer gab. Mit seinen modernen Produktionsstätten in Niedersachsen, Baden-Württemberg und Bayern war der VW-Konzern sehr produktionsflexibel geworden.

Zahlreiche Modellvarianten und raffinierte Ausstattungs-Unterschiedlichkeiten machten das Audi-Angebot zunehmend attraktiv. Vor allem hatte mit der Einführung eines neuen Audi 80 im Jahre 1972, jetzt mit ohc-Motor, die Marke ein betont sportliches Image erhalten. Faktisch war der Audi 80 mit dem kurze Zeit später vorgestellten VW Passat identisch, doch die Vielfalt der angebotenen Motoren von 55 bis 100 PS, die schicken GL-, GT- und GTE-Versionen und schließlich der Name Audi selbst sorgten für eine deutliche Abgrenzung zum baugleichen Volkswagen.

Auch der Audi 100 wurde 1976 in gänzlich neuer Aufmachung vorgestellt. Der Wagen hatte Mercedes-Dimensionen und erfüllte höchste Qualitätsansprüche. Neben einem 1,6- und einem 2-Liter-Vergaser-Vierzylinder gab es ab April 1977 auch einen Fünfzylinder-Einspritzer mit 2,2 Liter Hubraum, und vier Monate später präsentierte Audi eine ganz neue Karosserieausführung. Der Fünftürer mit ausgeprägtem Schrägheck erhielt den Namen »Avant«. Last not least kam im Oktober 1978 der Fünfzylinder als Diesel auf den Markt.

Einen kleinen Audi stellte man im Spätsommer des Jahres 1974 vor: Das war der Audi 50. Mit seinem quer eingebauten Motor glich dieser kompakte Zweitürer britischen Vorbildern. Er wurde auf Anhieb ein Erfolg bis er durch Konkurrenz aus eigenem Hause zum Abtreten veranlaßt wurde. Dieser Wettbewerber war der im März 1975 eingeführte VW Polo, mit dem Audi 50 fast völlig identisch. Das Konzern-Marketing sah indessen vor, dem Polo die größeren Chancen zu einzuräumen, so daß der preisgünstige Audi 50 selbst in seinen attraktiven LS- und GL-Versionen ins Hintertreffen geriet.

Die in den sechziger und siebziger Jahren für Audi geschaffenen Werbemittel zeichnen sich durch Klarheit und Übersichtlichkeit aus. Man verzichtete auf Designer-Mätzchen und Gags, bediente sich einer verständlichen Sprache und beschrieb Technik ohne Emotion. Hinter den Kulissen arbeitete eine gut besetzte Abteilung für Verkaufsförderung und gab der Handelsorganisation Hilfsmittel an die Hand, die sie erfolgreich anzuwenden verstand. Auch einige dieser Medien enthält dieses Buch, denn sie ergeben eine interessante Abrundung des Bildes von der bei Audi damals praktizierten Öffentlichkeitsarbeit.

Zweifellos erhielten Marketing, Presse und Werbung bei Audi etliche Impulse von der Wolfsburger Konzernmutter und folgten vorgegebenen Leitlinien. Andererseits verliefen deren Wege aber völlig getrennt, jedenfalls bis zur Etablierung der V.A.G. (Volkswagen-Audi Vertriebsgesellschaft), unter deren Fahnen viele Aktivitäten enger koordiniert und teils vereinheitlicht wurden – womit aber keiner der beiden Partner so richtig glücklich wurde, zumindest unter Marketing-Aspekten.

Ganz ausgezeichnet kam der Audi-Slogan »Fortschritt durch Technik« an, bereits im Jahre 1977 eingeführt und vorher nur gelegentlich für den NSU Ro 80 verwendet. Man behielt ihn seither bei, und er hat sich keineswegs überlebt: Die Kompetenz, diesen einprägsamen Slogan für sich in Anspruch zu nehmen, bewies Audi wiederholt und überzeugend, ebenso wie das Signet der vier Ringe – die einstigen Auto Union Marken Horch, Wanderer, Audi und DKW symbolisierend – mit großer Konsequenz verwendet wird und zu einem Gütesiegel wurde, das internationale Wertschätzung genießt.

Audi 72 1965 - 68

Das ist der letzte Vorgänger des neuen Audi.

Wir knüpfen also an alte Traditionen an. Denn schon früher bauten wir von der Auto Union einen Audi. Das war seinerzeit ein bekanntes Automobil, das zu fahren als fein galt. Es hatte einen Viertaktmotor und war bequem, schnell und robust.

1939 wurde die Produktion des alten Audi eingestellt.
Und damit geriet diese Automobilmarke (wie die beiden anderen Marken der alten Auto Union, der Horch und der Wanderer) in Vergessenheit.

Das ist der erste Nachfolger des alten Audi.

Jetzt gibt es wieder einen Audi: den neuen Audi.
Er sieht nicht nur anders aus, er ist auch anders als der alte Audi.
Denn fast alles am und im alten Audi wurde heute den Ansprüchen der Technik und des Komforts nicht mehr genügen. Darum haben wir in den neuen Audi alles einge-

baut, was die neueste Technik zu bieten hat.
Dazu gehört, dass der neue Audi eine ganz neue Art Viertaktmotor hat: den Mitteldruckmotor.
Was den Mitteldruckmotor von allen anderen vergleichbaren Motoren der 1,7 Liter-Klasse unterscheidet, erfahren Sie auf der folgenden Seite.

Der erste Prospekt für den 1965 »neugeborenen« Audi zeigte auch einen 1933er Typ UW. Um den letzten Vorgänger handelte es sich indessen nicht, das wäre der Typ 920 (mit Hinterradantrieb) von 1939 gewesen!

Audi 72 1965 - 68

Am einmaligen Mitteldruckmotor des Audi sind Mercedes-Benz, Volkswagenwerk und Auto Union beteiligt.

Mercedes-Benz hat ihn entwickelt. Das Volkswagenwerk hat ihn geprüft und gern übernommen.
Wir von der Auto Union bauen ihn.
Eine solche Zusammenarbeit dreier grosser Automobilfabriken ist einmalig. So einmalig wie der Motor, der daraus entstanden ist.
Denn der wassergekühlte 1,7 Liter-Viertaktmotor des Audi verdichtet mit 1:11,2 höher als alle anderen Motoren seiner Klasse.
Durch diese hohe Verdichtung wird der Kraftstoff besser ausgenutzt. Der Mitteldruckmotor braucht nämlich auf 100 km nur 8,4 Liter Superbenzin (nach DIN), obwohl er 72 PS entwickelt und dem Audi eine Höchstgeschwindigkeit von 148 km/h gibt.
Trotz der hohen Verdichtung ist der Mitteldruckmotor nicht hochgezüchtet. Denn hochverdichtet heisst etwas anderes als hochgezüchtet. (Sonst wären ja Dieselmotoren, die 1:22 verdichten, hochgezüchtet.) Der Mitteldruckmotor ist unempfindlich, gutmütig und langlebig, denn er ist ein Motor mit niedrigen Drehzahlen.
Trotzdem beschleunigt er den Audi temperamentvoll in 14,8 Sekunden von 0 auf 100 km/h. Und seine Höchstgeschwindigkeit kann auch seine Dauergeschwindigkeit sein.
Die Gangbereiche des elastischen Mitteldruckmotors sind breit überlagert, damit man wenig schalten muss. Wer aber gerne sportlich fährt und also gerne schaltet, wird Spass haben an der leichtgängigen Schaltung des vollsynchronisierten Vierganggetriebes.
Eine Startautomatik sorgt dafür, dass der Mitteldruckmotor auch im kältesten Winter sofort anspringt.
Mit dem Verhältnis von Leistung zu Benzinverbrauch unterscheidet sich der Mitteldruckmotor von allen vergleichbaren Motoren der 1,7 Liter-Klasse.
Dass drei grosse Automobilfabriken für seine Qualität und technische Reife stehen, unterscheidet ihn von allen anderen Motoren überhaupt.

Der Audi hat Vorderradantrieb. Und Scheibenbremsen.

Vorderradantrieb ist für uns von der Auto Union Tradition. Wir haben über 34 Jahre Erfahrung damit.
Ziehen finden wir eben sicherer als schieben. Denn beim Vorderradantrieb sind die Räder, die die Motorenkraft auf die Strasse bringen, dieselben Räder, die die Richtung weisen. Darum hat man die 72 PS des Mitteldruckmotors so gut im Zügel.
Und das Gewicht des Motors liegt auf den Antriebsrädern. Darum drehen sie nicht so leicht durch, auch nicht beim Anfahren an steilen Wegen oder auf Matsch und Eis.
Der Schwerpunkt im Audi liegt tief und vorn. Dort wo der Audi angetrieben und gelenkt wird. Darum ist er nicht nur sicher in Kurven, sondern auch stabil beim Geradeausfahren. Auch bei starkem Seitenwind.
Aber man soll mit dem Audi nicht nur sicher fahren, sondern auch sicher bremsen können. Darum hat der Audi vorne Scheibenbremsen. Und zwar eine ungewöhnliche Scheibenbremse. Denn sie liegt direkt neben dem Getriebeblock.
Dort, wo man sie so gross machen kann, wie es nötig ist, und nicht nur so gross wie es der Platz in der Radfelge zulässt.
Dort, wo sie immer im kühlenden Fahrtwind liegt und nicht so rasch heisslaufen kann.
Dort, wo sie als zu federnde Masse nicht ins Gewicht fällt. (Das wirkt sich auf den Fahrkomfort günstig aus. Denn ein Rad, in dessen Felge keine Bremse steckt, ist leichter und darum besser zu federn.)

Die Namen der Väter des neuen Viertaktmotors gab die Auto Union stolz preis: Mercedes-Benz und VW.

Audi 72 1965 - 68

Weil der Audi keine Kardanwelle braucht, hat er im Wageninnern einen flachen Boden.

Darum ist im Audi nicht nur Platz für fünf Personen. Sondern auch Platz für zehn Beine.

Dass ein Wagen der gehobenen Mittelklasse fünf Personen viel Platz bietet, ist selbstverständlich. Nicht so selbstverständlich ist, dass fünf Personen Platz für ihre Beine haben.

Aber der Audi hat einen flachen Boden ohne störenden Kardantunnel. Das schätzt man besonders als Mitfahrer hinten in der Mitte (weil man die Knie nicht unterm Kinn hat) und als Fahrer, wenn man nach rechts aussteigen will (weil man nicht über einen Kardantunnel klettern muss).

Den Audi kann man wahlweise mit zwei oder vier Türen haben. Alle Türen sind breit und öffnen sich weit. Beim viertürigen Modell ist in den hinteren Türen eine zusätzliche Kindersicherung eingebaut.

Die körpergerecht geformten Vordersitze, die bei schneller Kurvenfahrt auch seitlichen Halt geben, und die Rückenlehnen sind einzeln verstellbar, auch während der Fahrt.

Auf der hinteren Sitzbank haben drei ausgewachsene Leute so viel Knie-, Ellbogen- und Kopffreiheit, dass sie auch auf langen Reisen bequem sitzen.

Der Fussboden ist mit einer weichen Gummimatte ausgelegt, die man mit Wasser und Bürste leicht reinigen kann.

Man soll in den Audi auch zehn schmutzige Schuhe hinstellen dürfen, wenn man schon den Platz hat, wo man sie hinstellen kann.

Argumente, die man schon für den DKW verwendet hatte:
Flacher Fahrzeugboden dank Frontantrieb.

Audi 72 1965 - 68

Von 1969 bis 1972 gab es den Audi in seiner ersten 72-PS-Version auch als Kombiwagen.

Das macht den Audi zum Audi 80 Variant:
Hubraum 1697 ccm
Leistung 80 DIN-PS (91 SAE-PS)
Max. Drehmoment 13,5 mKp
Beschleunigung von 0–100 km/h 14,5 Sekunden
Bergsteigfähigkeit im 1. Gang 48%
Höchstgeschwindigkeit 152 km/h
Verbrauch an Superbenzin /100 km (DIN 70030) 8,8 Liter
Dritte Tür im Heck. Gepäckraum 950 oder 1600 Liter.

Audi machte den Kombiwagen salonfähig. Aber auch andere Hersteller bemühten sich, den reinen Nutzfahrzeug-Charakter des Kombis in den Hintergrund zu stellen.

Audi 80 1966 - 68

1966 kündigte die Auto Union weitere Modelle an. Der Name Audi begann sich einzuprägen und durchzusetzen.

⌬ Auto Union baute am Anfang nur einen Audi. Mit Viertaktmotor. Mit vielen PS. Vorderradantrieb. Scheibenbremsen. Einen schnellen Wagen. Aber auch einen sicheren. Und diese Audi-Konzeption hatte Erfolg. Darum baut Auto Union jetzt mehr Audis. Mehr verschiedene Audis. Ein ganzes **Audi-Programm.**

Den Audi 80 L und 80 Variant bot die Auto Union mit dem gleichen 1696-ccm-Mitteldruckmotor wie das Urmodell ab September 1966 an.

Audi 80 L

Viertakt-Vierzylindermotor,
1697 ccm,
80 DIN-PS (91 SAE-PS),
über 152 km/h,
Normverbrauch 8,4 Liter
Superbenzin auf 100 km,
Luxusausstattung.

Im Audi 80 L steckt der Komfort des Audi L. Und 8 PS zusätzlich. Das bedeutet, Sie können in aller Bequemlichkeit eine Dauergeschwindigkeit von über 150 km/h fahren, Sie können zwischendurch ein entspannendes Nickerchen auf den körpergerechten Schlafsitzen halten (siehe Bild oben) und Sie können danach wieder in 14,0 sec von 0 auf 100 km/h beschleunigen. Angenehm auffallen wird Ihnen darüber hinaus, daß der Motor auch bei Autobahn-Vollgasfahrt völlig ruhig und gleichmäßig läuft und daß Ihre Passagiere im Fond gut gelaunt bleiben, weil die Beine so viel Platz haben (kein störender Kardantunnel).

Audi 80 Variant. Geräumiger Geschäftswagen oder komfortable Limousine?

Prospekt für den Audi 80 Variant, herausgegeben im August 1967.

Zwei Wagen in einem – das große Argument für den Audi 80 Variant. Einen Verbrauchsschnitt von 11,5 Liter Super auf 100 Kilometer erachtete man 1967 für einen 150-km/h-Wagen als sehr wirtschaftlich.

Beides – wie Sie wollen.

Audi 80 Variant. Er hat viel Platz und ist besonders wirtschaftlich.

Variant
ylindermotor,
SAE-PSI,*
efläche 1,9 qm,
uminhalt 1,6 cbm.

Dies ist ein dreitüriger Fünfsitzer, mit dem eine sechsköpfige Familie komplett und ohne Ärger in einen siebenwöchigen Urlaub fahren kann. Der Audi 80 Variant bietet vorne den Komfort einer Limousine (Armaturenbrett mit Spezialauflage in Teakmaserung und atmungsaktive Vollskai-Polsterbezüge auf allen Sitzen), hinten die Ausmaße eines Lieferwagens (Ladefläche bei heruntergeklappten Fondsitzen fast 2 qm).
Der Viertakt-Vierzylindermotor mit 80 PS, der gleiche wie beim Audi 80 L, sorgt dafür, daß Personen und Güter schnell und wirtschaftlich transportiert werden.
Höchstgeschwindigkeit 152 km/h. Normverbrauch auf 100 km 8,8 Liter Super.

Dimensionen wie in einem Lieferwagen - der Laderaum mißt bei heruntergeklappter Fondbank 1630 x 1360 x 840 mm.

Sein Innenraum ist rundum verkleidet. (Und rundum abwaschbar.) Körpergerecht geformt die Sitze. (Wahlweise mit Stoff/Skai-Polsterung oder mit luftdurchlässiger Vollskai-Polsterung.) Klar geordnet die Armaturentafel. Unverwechselbar und griffgerecht die Bedienungselemente. Der Audi 80 Variant hat allen Komfort der Audi-Limousine. Aber viel mehr Platz.
Hinter der Rücksitzbank hat er ein großes Gepäckabteil. Von innen und außen zugänglich. (Von außen durch die große Hecktür, die nach oben aufgeht und im Wege ist.) Mit zwei Handgriffen können Sie die Rücksitze umklappen.

Dadurch wird der große Gepäckraum zum noch größeren Laderaum von 1,6 Kubikmeter: 1 Meter 63 lang, 1 Meter 36 breit, 84 Zentimeter hoch.
Der Ladeboden und die Rücksitzlehne hinten sind mit Profilgummi bezogen. Seitenwände und Dach des Laderaumes sind ebenfalls leicht sauberzuhalten.
Was immer Sie im Audi 80 Variant auch befördern: Sein Komfort kommt Ihnen und Ihrer Ware zugute.
Außerdem transportiert der Audi 80 Variant besonders wirtschaftlich.
Er ist schnell. Er ist wendig. Er transportiert viel auf einmal.

(Bis zu 575 Kilo einschließlich Fahrer.) Der Audi 80 Variant ist gut gebaut und hält lange. Er hat einen Unterbodenschutz und abschraubbare Kotflügel vorn. Er braucht wenig Benzin und nur alle 10 000 Kilometer zur Inspektion. Und – Sie haben es nie weit zum Audi-Kundendienst.
Was haben Sie also, wenn Sie einen Audi 80 Variant fahren? Erstens: eine elegante, komfortable Limousine für Familie, Wochenend und Urlaub.
Zweitens: einen geräumigen, besonders wirtschaftlichen Geschäftswagen für die übrige Zeit des Jahres.
Wenn das kein Geschäft für Sie ist.

Audi 80 1966 - 68

Den 72 PS starken Audi hatte man mit keiner Typenchiffre versehen. Bis zum Erscheinen des Audi 60 blieb er das Grundmodell in der Angebotspalette.

**Audi und Audi L:
72 PS und 148 km/h.**

Im Unterschied zu den anderen Audis fahren der Audi und der Audi L mit Normalbenzin. Aber kommen mit 72 PS trotzdem auf eine Dauergeschwindigkeit über 145 km/h und sind in 14,8 Sekunden von 0 auf 100.
Das Angenehmste haben aber auch der Audi und der Audi L vom Audi Super 90 übernommen: die hervorragenden Fahreigenschaften.
Denn alle Audis haben Vorderradantrieb und dasselbe ausgeklügelte Federungs- und Aufhängesystem.
Noch mehr als der Audi hat der Audi L vom Audi Super 90 übernommen: Liegesitze, Zweikreisbremse, Bodenteppiche und Teakholzverkleidung für das Armaturenbrett.

Wo kein Kardantunnel ist, ist Platz für Füsse, Knie und lange Beine. Audi-Fahrer wissen das.

Audi Super 90 1966 - 71

Stimmungsvolle Großfotos waren das Gebot der Werbeabteilung in Ingolstadt. Man sprach damit den Familiensinn der Kunden an.

Im Rahmen der Modellerweiterung stand ab 1966 zunächst der Audi Super 90 im Vordergrund. Er hatte, wie seine Typenbezeichnung verriet, 90 PS und lief stolze 163 km/h Spitze...

schäft. Schliesslich der **Audi Super 90.**
Sportlich bequem. 90 PS.
Von 0 auf 100 in 12,5 Sekunden. Spitze 163.

Und Liegesitze. So richtig komfortabel.

Audi Super 90

Viertakt-Vierzylindermotor,
1760 ccm,
90 DIN-PS (102 SAE-PS),
über 163 km/h,
Normverbrauch:
8,9 Liter Super auf 100 km.

Schnell aber sanft: maximale Geräuschdämpfung auch bei über 160 km/h. Schnell aber sparsam: auf 100 km 8,9 Liter Super ist Normverbrauch.

In 12,2 Sekunden ist der Audi Super 90 von 0 auf 100 km/h, und in nur 50 sec sogar von 0 auf 160 km/h.

Das ausgeklügelte Federungs- und Aufhängungssystem sorgt auch unter extrem schlechten Bedingungen für mustergültiges Fahrverhalten.
Die extra versteifte, stoßabsorbierende Schalenbaukarosserie und die großdimensionierten Scheibenbremsen (280 mm Durchmesser) gewährleisten optimale Sicherheit.

Beschleunigungswerte des Audi Super 90:
von 0 auf 80 km/h in 8,5 sec
von 0 auf 100 km/h in 12,2 sec
von 0 auf 140 km/h in 27 sec
von 0 auf 160 km/h in 50 sec
Bequeme Dauergeschwindigkeit 163 km/h. Bergsteigfähigkeit im 1. Gang 50 %.

Der Audi Super 90 ist der schnellste, kräftigste, komfortabelste Audi der Auto-Union. Der Frontantrieb gibt ideale Straßenlage bei Wind, Nässe, Schnee, bei Haarnadelkurven und Hundskehren.

Der Viertakt-Vierzylindermotor ist das Herzstück des Audi Super 90.
Mit 1760 ccm und 90 vollelastischen PS. Das maximale Drehmoment 15 mkp wird bereits bei 3000 Umdrehungen in der Minute erreicht. „Unbändiges Temperament in den unteren Gängen".

Der Audi Super 90 war zwei- oder viertürig zu bekommen; letzterer kostete 300 Mark Aufpreis. Ab Mai 1967 standen bei allen Audis Servobremsen zur Verfügung.

Seit jeher war es üblich, Testberichte in der Motorpresse als Sonderdrucke zu Werbezwecken einzusetzen, wie diesen Report aus der Motor-Rundschau vom Herbst 1967 über den Audi Super 90.

Test »Audi Super 90«: Temperament und Komfort zu günstigem Preis

Jeder zweite „Audi", der zur Zeit in den Ingolstädter Auto-Union-Hallen vom Band läuft, ist ein „Super 90" – ein eindeutiger Beweis dafür, wie sehr das Unternehmen mit dem neuen Modell (das ja erst seit Dezember 1966 gefertigt wird) die Wünsche seiner Kunden erfüllt.
Als vor zwei Jahren der „Audi" auf der Frankfurter „Internationalen Automobilausstellung" erstmals der Öffentlichkeit präsentiert wurde, gab es ihn nur in einer Version: Mit 72-PS-Motor. Dieser Wagen war auch für Fachleute insofern etwas überraschend, als man mit einer PS-stärkeren Maschine und dementsprechend höheren Fahrleistungen gerechnet hatte – nicht zuletzt im Hinblick auf die Modelle von Konkurrenzfirmen. Dennoch ließ sich der Verkauf des Modell in der Dauer kaum Basis sein konnte, ein Werk wie das Auto-Union zu tragen – denn das mußte der „Audi" ja damals und er muß es noch heute, wenn Ingolstadt nicht zu einem reinen Montage-Betrieb für das Volkswagenwerk werden soll. Eine Auswirkung dieser Hubraumklasse gegenwärtig ohne der „Audi"-Reihe nach oben lag deshalb in der Luft.
Im Herbst vergangenen Jahres war es soweit, die Ingolstädter stellten drei neue Versionen des „Audi" vor:

● den „Audi 80", mit 80-PS-Maschine,
● den „Audi Variant", einen Kombiwagen mit dem Motor des „80", und
● den „Audi Super 90".

Während die beiden erstgenannten Modelle sofort lieferbar waren, dauerte es mit dem „Super 90" einige Zeit – im Dezember rollte die Produktion an. Die Nachfrage gerade nach diesem „Audi" war sofort so groß, daß die Auto-Union trotz allgemeiner Absatzkrise Lieferfristen setzen mußte. Heute liegt der Anteil des „Super 90" an der Gesamtproduktion der „Audi"-Reihe bei über 48 Prozent.
Verschiedene Faktoren dürften zu dieser, für die Ingolstädter so erfreulichen Entwicklung beigetragen haben:
● Der stärkere Motor führte zu einer erheblichen Verbesserung der Fahrleistungen.
● gleichzeitig wurde die Maschine aber bedeutend kultivierter und ruhiger.
● Die Ausstattung des Wagens wurde entscheidend verbessert, und
● das alles bekommt der Käufer zu einem erstaunlich günstigen Preis, der in dieser Hubraumklasse gegenwärtig ohne Konkurrenz ist: 8390,– Mark für die zweitürige und 8690,– Mark für die viertürige Ausführung. Das sind fast zwei Tausend-Mark-Scheine weniger als man für vergleichbare Fahrzeuge anderer Firmen (etwa des „BMW 1800") bezahlen muß. Die Ingolstädter konnten bei diesen Preisen natürlich nicht zaubern. Wenn sie das „Super 90" heute so vorteilhaft anzubieten vermögen, so liegt das nicht zuletzt daran, daß die Karosserie des „Audi" weitgehend auf den gleichen Pressen gefertigt wird, die für das Blechkleid des verblichenen „F 102" verwendet wurden – eine Tatsache, die manchen Autokäufer veranlaßt, sich „Audi" abzuwenden. In Wirklichkeit ist diese Karosserieverwandtschaft mit unserer Meinung kein stichhaltiges Argument gegen den Auto-Union-Wagen. Zum einen ist die eventuell befürchtete Vorwahlschlaggefahr gering, weil der Zweitakter schon seit geraumer Zeit nicht mehr gebaut wird. Zum anderen hat man in Ingolstadt verstanden, durch gewisse Retuschen, vor allem durch den neuen Grill und die Rechteckscheinwerfer – dem „Audi" seine ganz eigene Linie zu geben. Beim „Super 90" wird sie durch zusätzliche Chromzierleisten an den Rädern und die Radausschnitten á la „Mercedes", Lochzierblenden an den Rädern und Chromauspuffblende) weiter unterstrichen.
Dieses Mehr an Chrom und das kleine schwarze Schild am linken Wagenheck

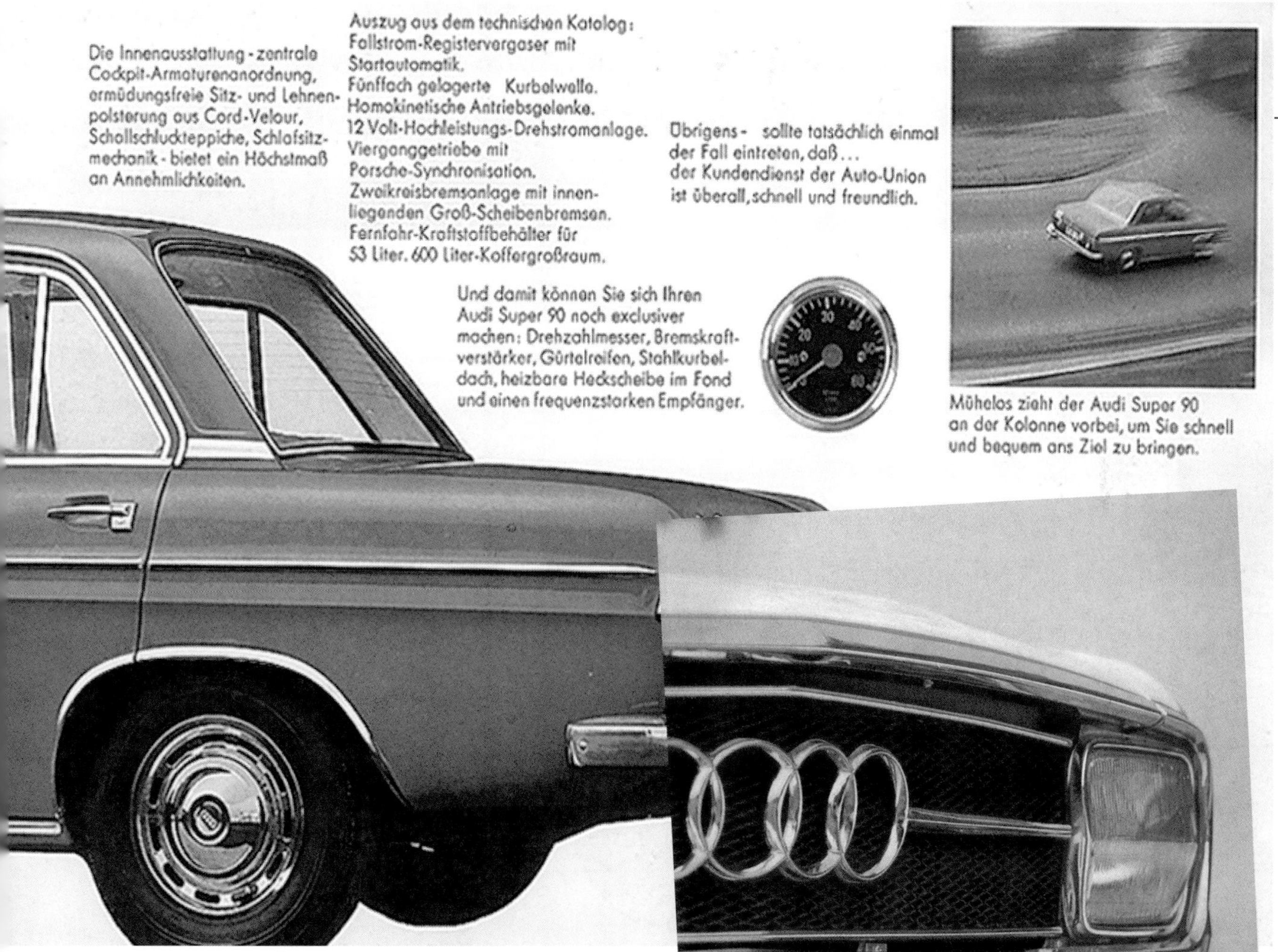

Die Innenausstattung - zentrale Cockpit-Armaturenanordnung, ermüdungsfreie Sitz- und Lehnenpolsterung aus Cord-Velour, Schallschluckteppiche, Schlafsitzmechanik - bietet ein Höchstmaß an Annehmlichkeiten.

Auszug aus dem technischen Katalog:
Fallstrom-Registervergaser mit Startautomatik.
Fünffach gelagerte Kurbelwelle.
Homokinetische Antriebsgelenke.
12 Volt-Hochleistungs-Drehstromanlage.
Vierganggetriebe mit Porsche-Synchronisation.
Zweikreisbremsanlage mit innenliegenden Groß-Scheibenbremsen.
Fernfahr-Kraftstoffbehälter für 53 Liter. 600 Liter-Koffergroßraum.

Übrigens - sollte tatsächlich einmal der Fall eintreten, daß...
der Kundendienst der Auto-Union ist überall, schnell und freundlich.

Und damit können Sie sich Ihren Audi Super 90 noch exclusiver machen: Drehzahlmesser, Bremskraftverstärker, Gürtelreifen, Stahlkurbeldach, heizbare Heckscheibe im Fond und einen frequenzstarken Empfänger.

Mühelos zieht der Audi Super 90 an der Kolonne vorbei, um Sie schnell und bequem ans Ziel zu bringen.

Sammelprospekt für das Audi-Programm 1967/68. Im Vordergrund steht auch hier der leistungsstarke Super 90.

Auto Union zeigt:
Audi Super 90
und alle Audi-Modelle.

Audi Super 90 1966 - 71

Die Leistung des Audi Super 90:
90 PS, von 0 auf 100 km/h in 12,2 Sekunden, Dauergeschwindigkeit über 160 km/h. An der Ampel immer einer der ersten. Über Hunderte von Kilometern ein überdurchschnittlicher Durchschnitt. Beim Überholen schnell von 110 auf 140 km/h. Und das trägt auch zur Sicherheit des Audi Super 90 bei.

Viertakt-Vierzylinder-Reihenmotor
Leistung 90 PS bei 5200 U/min
Hubraum 1760 ccm
Maximales Drehmoment 15,0 mkp bei 3000 U/min
Leistungsgewicht 10,9 kg/PS
Bergsteigfähigkeit im 1. Gang 50%
Fünffach gelagerte Kurbelwelle
Fallstrom-Registervergaser mit Startautomatik
Kraftstoffverbrauch nach DIN 70030
8,9 Liter Superbenzin/100 km

In den sechziger Jahren warb man noch gern und ungeniert mit imponierenden Beschleunigungswerten und Höchstgeschwindigkeiten. Mit der Ölkrise 1973 wurde man in dieser Beziehung zurückhaltender.

Audi Super 90 1966 - 71

Das Fahrverhalten des Audi Super 90: Vorderradantrieb, ausgeklügeltes Federungs- und Aufhängungssystem, Seitenwindunempfindlichkeit. Durch enge Kurven, böse Schlaglöcher und überraschende Windstösse sicher und elegant immer der Spur treu. Und gerade das macht den Audi Super 90 zu einem ungewöhnlichen Wage

Vorderradantrieb
Massenschwerpunkt im vorderen Drittel
Selbsttragende Karosserie
Vorn: Einzelaufhängung an
Dreiecksquerlenkern und Längsschubstreben,
längsliegende Drehstabfedern, Querstabilisator
Hinten: stabilisierende Torsionskurbelachse
mit schrägliegendem Federstab,
querliegender Federstab und Längslenker
und hinten hydraulische Teleskopstossdämpfer

Noch immer das beste Argument für den Audi: Sein Vorderradantrieb und seine ausgezeichnete Straßenlage.

Audi Super 90 1966 - 71

Luxus für den Normalverbraucher: Der Audi Super 90 kostete 1967 nur DM 8400,-.

Audi (72) L 1967 - 72

November 1967: Audi verloste einige Wagen im Rahmen eines Preisausschreibens...

Wie Sie - völlig unverbindlich und ohne Umstände - einen Audi, einen Audi L, einen Audi 80 L, einen Audi 80 Variant oder einen Audi Super 90 gewinnen können.

Wir stellen Ihnen 12 Fragen. Sie antworten mit Ja oder Nein, indem Sie in der entsprechenden Kolonne das richtige Feld ankreuzen (x).

Sie gehen mit dem ausgefüllten Fragebogen zum nächsten Auto Union-Händler. Dieser kontrolliert Ihre Antworten und setzt für jede richtige 10 Punkte ein.

Wenn Sie 120 Punkte erreichen, erhalten Sie einen kleinen Sofortgewinn. Und nehmen zugleich an einer Verlosung teil, die Ihnen einen Audi, einen Audi L, einen Audi 80 L, einen Audi 80 Variant oder gar einen Audi Super 90 schenken kann.

1. Stellen diese vier Ringe das Firmenzeichen der Auto Union Ingolstadt dar?

2. Das ist der Audi-‹Alpensieger› (Baujahr 1913). Hatte der auch schon einen Viertakt-Vierzylindermotor wie die Audis von heute?

3. Gibt es ein Audi-Modell, das keinen Viertakt-Vierzylindermotor, kein Viergang-getriebe und weniger als 72 PS hat?

4. Alle Audi-Modelle haben viel Platz für Füsse und lange Beine, weil sie keinen Kardantunnel haben. Kommt das vom Vorderradantrieb?

5. Ist das richtig: Von allen Audis hat nur der Audi Super 90 innenliegende Scheibenbremsen vorn?

6. Der Audi Super 90 ist in 12,2 Sekunden von 0 auf 100. Schafft er das schon im 3. Gang?

Gewinnen Sie (vom 22. 9. bis 7. 10. 1967) einen Audi, einen Audi L, einen Audi 80 L, einen Audi 80 Variant oder einen Audi Super 90.
(Wenn Sie 12 Fragen richtig beantworten.)

...doch die Fragen waren so leicht, daß Glück allein gar nicht mehr ausreichte, um einen Audi zu gewinnen!

25

Audi-Konzeption

Aus einer Broschüre, die Audi im Oktober 1968 zum Thema Sicherheit herausgab, Tenor: »Leistung, Sicherheit, Fahrkomfort«.

Die Auto Union hat eine neue Konzeption im Automobilbau verwirklicht: Audi.
Das Auto wird von innen nach außen gebaut.
Alle Bauelemente werden schützend um den Passagierraum gruppiert (Sicherheitszellen-Prinzip).
Funktion bestimmt die gesamte Konstruktion, technischer Fortschritt deren Änderung.
Formale Spielereien fallen weg.
Stattdessen wird in Leistung, Sicherheit und Fahrkomfort investiert.

Sicherheit beim Fahren

Audi (72) L 1967 - 72

Frontantrieb aus Tradition. »Die Pferde ziehen vorn« lautete der Audi-Slogan schon 1934.

Front-Antrieb

Die Techniker wissen: Die Straßenlage sitzt beim Auto hinten. Wie spurtreu und kurvenpräzis sich das Fahrzeug verhält, hängt von der Seitenführungskraft der Hinterachse ab.

Für die Fortbewegung eines Autos ist Vortrieb notwendig. Vortrieb vermindert aber die Seitenführungskraft. Deshalb muß er dort sitzen, wo nur geringe Seitenführungskraft notwendig ist — an der Vorderachse.

Aus der Frontantriebs-Konstruktion ergeben sich weitere wichtige Konsequenzen für die Sicherheit: Der Massenschwerpunkt liegt im vorderen Drittel des Wagens.

Seitenwind greift immer seitlich in die vordere Hälfte des Fahrzeuges ein. Dieser Kraft wirkt das hohe vordere Fahrzeuggewicht entgegen. Reicht es allein nicht mehr aus, so wirkt dem Wind, beim Versuch das Fahrzeug zu drehen, die außergewöhnliche Seitenführungskraft der Hinterachse entgegen.

Günstig wirkt sich der Front-Antrieb ferner auf die Lenkungs- und Richtungsstabilität aus. Antrieb und Lenkung bestimmen die Fahrzeugrichtung gemeinsam. Audi mit Front-Antrieb — immun gegen Wind, Nässe, Schnee und scharfe Kurven.

Fahrwerk

Das Fahrverhalten eines Automobils und damit die Sicherheit der Passagiere wird maßgeblich von der Konstruktion der Achse und der Federungs- und Aufhängungstechnik bestimmt. Technik der Vorderachse: Einzelrad-Aufhängung an Dreieckslenkern, Federung durch längsliegende, einstellbare Drehstabfedern. Bei jeder Belastung hoher Federungskomfort, kurze Stöße werden genauso neutralisiert wie lange Schwingungen.

Ein Querstabilisator verhindert das Wegtauchen des Vorderwagens über das kurvenäußere Vorderrad beim Kurvenfahren.

Audi (72) L 1967 - 72

Audi-Preisliste vom Februar 1967. Ab DM 7390,- war man dabei. Ab September des gleichen Jahres kostete der Audi nur ganze zehn Mark mehr.

Eines der beliebtesten Werbemittel: Der alljährlich im Herbst den Auto Union-Händlern angebotene Wandkalender.

Audi (72) L 1967 - 72

AUDI Knüppel Schaltung

Serienmäßig hatte der Audi seinerzeit Lenkradschaltung. Einen nachträglich vorzunehmenden Umbau auf Knüppelschaltung bot die Firma Abt in Kempten an.

Audi 60 L – nicht spektakulär, aber wirtschaftlich und robust, der vier Auto Union-Ringe durchaus würdig.

Audi 60 1968 - 72

300.000 DKW-Besitzer zählte noch 1968 die Zulassungsstatistik. Sie wurden namentlich zu Probefahrten mit dem Audi 60 eingeladen.

Für den Audi 60 mit gehobener Ausstattung, die ihn zum 60 L avancieren ließ, unternahm die Auto Union 1968 eine große Sales-Promotion-Kampagne. Diese Broschüre richtete sich an alle Audi-Händler und gab ihnen Verkaufsargumente an die Hand.

Großformatige Audi 60 L-Anzeigen werden erscheinen in Illustrierten, überregionalen Tageszeitungen und führenden Zeitschriften.

Natürlich erhalten Sie wieder rechtzeitig Matern für Anzeigen in den örtlichen Zeitungen. Thema: entsprechend den überregionalen Anzeigen.

In Kürze wird ein neuer Prospekt gedruckt, der nur den Audi 60 und den Audi 60 L beschreibt. Diesmal 16 Seiten im Format DIN A 4. Außerdem erscheinen neue Farbmuster-Prospekte.

Und natürlich gibt es auch eine gesonderte Preisliste für den Audi 60 L. Und Preisschilder. Und Stoßstangenschilder. Und Schaufensterstreifen. Und Kinodiapositive.

Im September werden ca. 300 000 DKW-Besitzer erneut auf den Audi 60 und Audi 60 L angesprochen und zur Probefahrt eingeladen werden.

Angebotsbriefe für den Audi 60 L stehen Ihnen auf Anforderung zur Verfügung.

Bestellen Sie bitte auf beiliegendem Formular die Mittel, die wir nicht nach festem Zuteilungsschlüssel verschicken.

7

In der Woche vom 8. bis 14. 9.
In der Woche vom 15. bis 21. 9.
In der Woche vom 22. bis 28. 9.

Matern
2spaltig und 3spaltig

Neuer Prospekt
16 Seiten, DIN A 4, vierfarbig

Neue Farbmusterprospekte

Neue Preisliste ·
Preisschilder · Stoßstangenschilder · Streifenplakate

Briefaktion

Angebotsbriefe

Audi 60 1968 - 72

Mit diesem Inserat warb Audi in der Fachpresse für den »vernünftigen« Audi 60 L. Der deutliche Hinweis auf den Viertaktmotor läßt erkennen, wie kurz noch der Abstand zur Zweitakt-Ära war.

Audi 60 L
Vier Takte mit Vernunft.
Fünf Sitze mit Komfort.
7.355,-

ab Werk – einschließlich 11% Umsatzsteuer

Die Audi-L-Ausstattung. Zur L-Ausstattung gehören: Gepolsterte Sonnenblenden (rechts mit Make-up-Spiegel), 3 mm-Schallschluckteppich (ausknöpfbar), Zierleisten, 3 Aschenbecher, Licht-Kontaktschalter an beiden Türen, Zigaretten-Anzünder. Stufenlos regulierbare Armaturenbeleuchtung, separates Werkzeugfach im Kofferraum.

Große Räder mit Super-Nieder-Querschnittreifen (6,45/13). Radzierringe.

Armaturenbrett mit Spezialauflage in Teakmaserung.

Elektrische Zeituhr.

Zweikreis-Sicherheitsbremssystem mit 280 mm-Großscheibenbremsen vorn.

Audi-Erfolgskonzeption serienmäßig. Langlebig dimensionierter Vierzylinder-Viertaktmotor. 1496 ccm, 55 PS bei nur 4750 U/min. 138 km/h Dauergeschwindigkeit, von 0 auf 80 in 11,2 sec, Normverbrauch 8,7 l/100 km Normalbenzin. Front-Antrieb gegen Wind, Nässe, scharfe Kurven. Spurtreue Torsionskurbelachse. Stoßabsorbierende Ganzstahl-Karosserie.

Auto Union

Made in Germany

Zweitürige Limousinen kosten: Audi 60 DM 7055,-/ Audi 60 L DM 7355,-/ Audi DM 7485,-/ Audi L DM 7745,-/ Audi 80 L DM 7865,-/ Audi Super 90 DM 8470,-/ Audi Variant DM 8370,-/ a. W. einschließl. 11% Umsatzsteuer. Auch viertürig lieferbar.

Ein weiteres, 1968 verwendetes Anzeigensujet für den Audi 60 L. Die Ausstattung umfaßte auch einen »3-mm-Schallschluckteppich«.

Audi 60 1968 - 72

Titel eines Prospektes, der im Juli 1969 im Rahmen der großangelegten Werbung für den Audi 60 herausgegeben wurde.

Die Verdichtung des Motors war von 11,2 auf 9,1 zu 1 herabgesetzt worden, dadurch ließ er sich mit Normal- statt mit Superbenzin fahren. Ein wirksames Werbeargument.

Vier Takte mit Vernunft: 8,7 Liter Normalbenzin nach DIN.

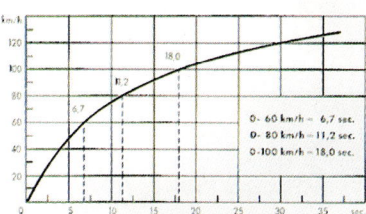

Der Motor des Audi 60/60 L ist ein wassergekühlter Viertakt-Vierzylinder-Reihenmotor. Seine 1496 ccm leisten 55 DIN PS (66 SAE PS) bei nur 4750 U/min. Das maximale Drehmoment ist besonders günstig: 11,5 mkp. Das macht diesen Motor robust und wirtschaftlich.

Das macht ihn vernünftig spurtstark und schnell: Von 0 auf 80 in 11,2. Und 138 schnell. Dabei 8,7 Liter Normalbenzin nach DIN auf 100 km. Und preiswert in Versicherung und Steuer.

Die Schaltung:
Ein Vierganggetriebe mit Porsche-Synchronisation.
Zur Wahl steht die leichtgängig bedienbare Lenkradschaltung oder, gegen Aufpreis, eine sportliche Knüppelschaltung.

Audi 60 1968 - 72

Hier sind zwei vernünftige Wagen in der 1500er-Klasse: Audi 60 und Audi 60 L.
Vernünftig, weil sie mit einem robusten Viertakt-Vierzylinder-Motor ausgerüstet sind: Der ist spurtstark und schnell.
Vernünftig, weil sie Frontantrieb haben: Sicherheit bei Seitenwind und in scharfen, nassen Kurven.
Vernünftig, weil sie wirtschaftlich sind: In Steuer, Versicherung, Benzinverbrauch.
Vernünftig, weil sie sicher gebaut sind: Dank Sicherheitskabine und vorberechneten Knautschzonen.

Das Audi 60/60 L-Prinzip: Robust, geräumig, sparsam.

Sachliche Aussagen, keine überzogenen Formulierungen oder geschönten Fotos. Typischer Audi-Stil der sechziger Jahre.

Audi 60 1968 - 72

Audi-Konstruktionsprinzip: Sicherheit innen und außen.

280-mm-Großscheibenbremsen.
Über das Thema Sicherheit können Auto-Konstrukteure gar nicht genug nachdenken. Audi-Konstrukteure tun es: Besonders große Scheibenbremsen vorn: 280-mm-⌀. Und das bedeutet: Nach 40 Metern und 4 Sekunden von 100 km auf 0. Sicherheit auch für die anderen: Besonders große Bremsleuchten. Der Audi 60 L hat ein Zweikreisbremssystem. Und das heißt: Bremssicherheit auch dann, wenn ein System ausfällt.

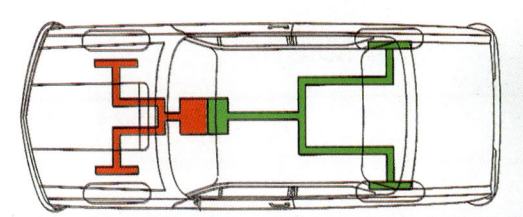

Hervorragende Bremswirkung.
Die 280-mm-Großscheibenbremsen vorn liegen direkt neben dem Getriebeblock im kühlenden Fahrtwind. Fading kommt nicht vor, auch nicht bei langen Paßabfahrten. Kein Ausbrechen nach rechts und links

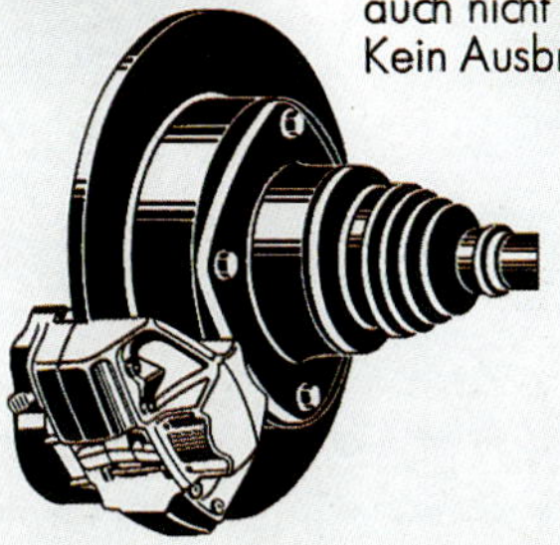

Vordere Scheibenbremsen hatte der Audi vom ersten Modell 1965 an; sie saßen innen am Differential.

Audi 60 1968 - 72

*Werbung für den Audi 60 vom September 1968:
Umfassende Information über alle Details.*

Audi 75 1968 - 72

**Audi 60/75 Variant
Die Wirtschaftlichen**

Auto Union

Titelseite eines 1969er Prospektes für die Modelle Audi und 75 als Variant.

Unter der Motorhaube ging es beim Audi aufgeräumt zu. Noch kam man an alle Aggregate mühelos heran.

**55 oder 75 transportstarke PS:
8,7 Liter Normalbenzin nach DIN.**

Audi 75 1968 - 72

Lenkradschaltung gehörte zu den Selbstverständlichkeiten. Krönung des Luxus: Eine Kunststoff-Folie auf dem Instrumentenbrett in Edelholz-Imitation.

Übersichtliche Armaturen: Leichtgängige Schaltung.

Zentrales Cockpit.
Die großen Rundinstrumente des Audi Variant sind übersichtlich im Blickfeld des Fahrers angeordnet. Alle Lichtsignale können von einem Kombischalter aus gegeben werden.
Die Zahnstangenlenkung mit der Schrägverzahnung garantiert höchste Lenkpräzision. Immer direkter Kontakt mit der Straße.

Für Transport-Probleme: Audi Variant-Lösungen.

Ladefläche: 1,9 qm. Laderaum: 1,6 cbm.
Diese Maße gelten bei heruntergeklappter Rückbank. Ist sie hochgeklappt, bleibt immer noch eine Ladefläche von 1,1 qm und ein Laderaum von 0,95 cbm.
Die zulässige Nutzlast beträgt 500 kg, das zulässige Gesamtgewicht 1615 kg und die zulässige Anhängelast 700 kg gebremst, 550 kg ungebremst.
Hier einige Variant-Ladebeispiele:

Wird vollbeladen mit 23 Kisten Obst und Gemüse.

Sogar Rhododendron, Hyazinthen und Rosen fühlen sich behutsam transportiert.

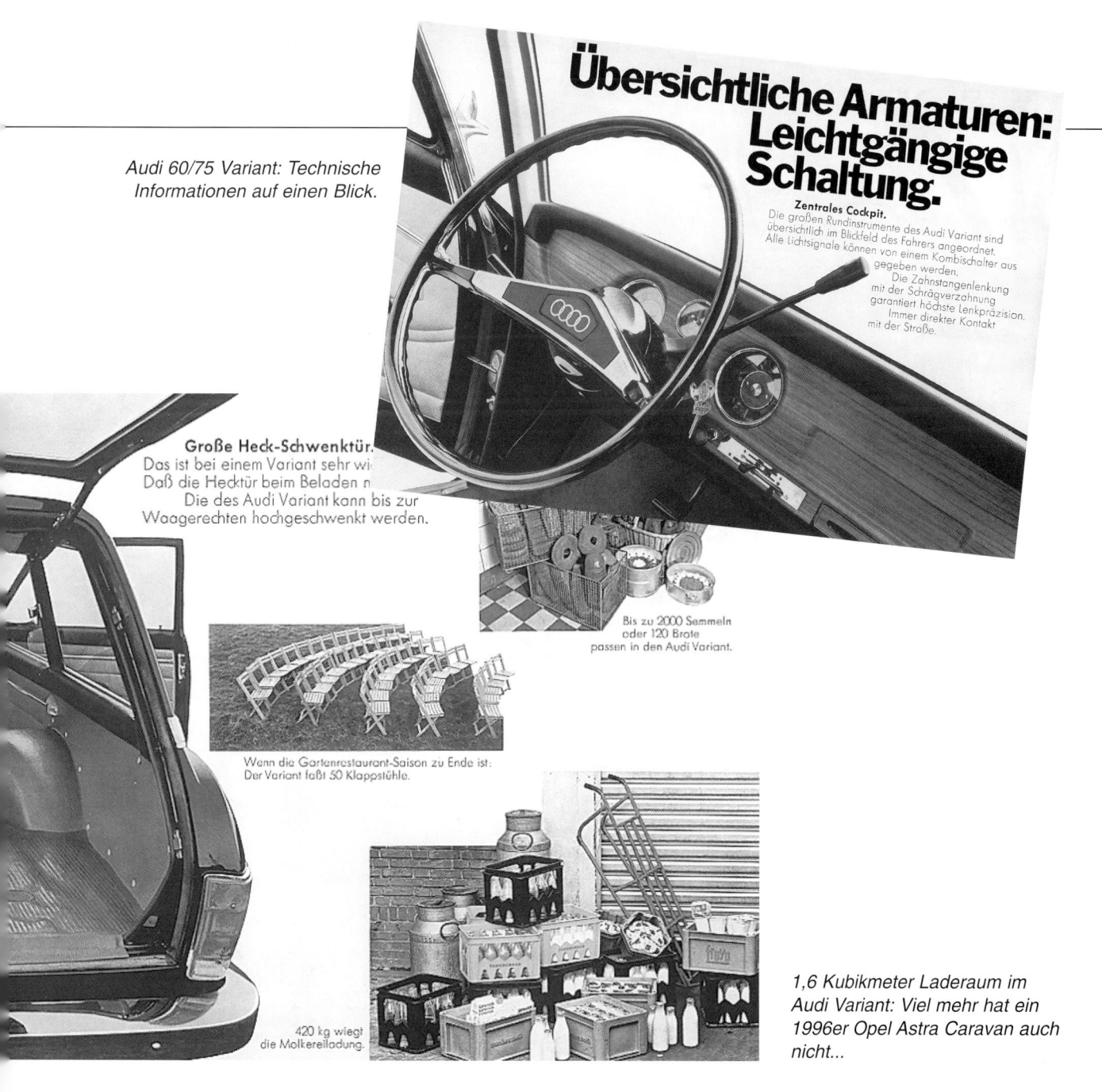

Audi 60/75 Variant: Technische Informationen auf einen Blick.

Übersichtliche Armaturen: Leichtgängige Schaltung.

Zentrales Cockpit.
Die großen Rundinstrumente des Audi Variant sind übersichtlich im Blickfeld des Fahrers angeordnet. Alle Lichtsignale können von einem Kombischalter aus gegeben werden.
Die Zahnstangenlenkung mit der Schrägverzahnung garantiert höchste Lenkpräzision. Immer direkter Kontakt mit der Straße.

Große Heck-Schwenktür.
Das ist bei einem Variant sehr wi[chtig].
Daß die Hecktür beim Beladen n[icht stört].
Die des Audi Variant kann bis zur Waagerechten hochgeschwenkt werden.

Bis zu 2000 Semmeln oder 120 Brote passen in den Audi Variant.

Wenn die Gartenrestaurant-Saison zu Ende ist: Der Variant faßt 50 Klappstühle.

420 kg wiegt die Molkereiladung.

1,6 Kubikmeter Laderaum im Audi Variant: Viel mehr hat ein 1996er Opel Astra Caravan auch nicht...

Audi 75 1968 - 72

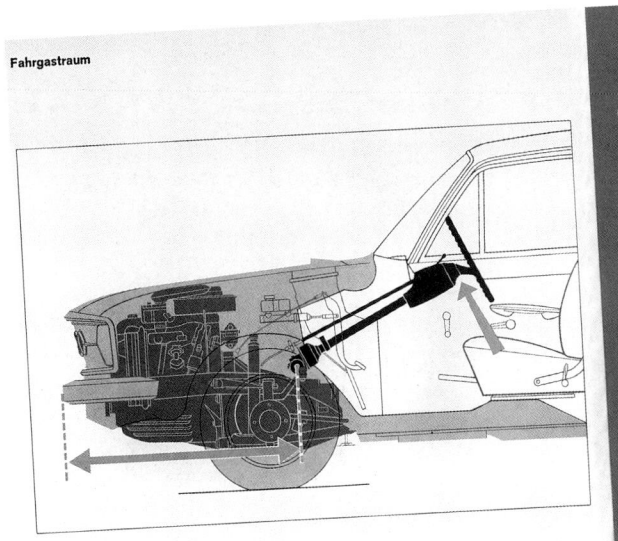

Fahrgastraum

Sie sehen: Audi-Sicherheit kein Werbegag.

Eine weitere Broschüre, die sich mit der Sicherheit im Audi beschäftigte. Sie erschien im Juli 1968.

Sicherheitsfaktor Nummer eins: Ausreichende Rundumsicht des Fahrers durch Dachholme geringer Stärke.

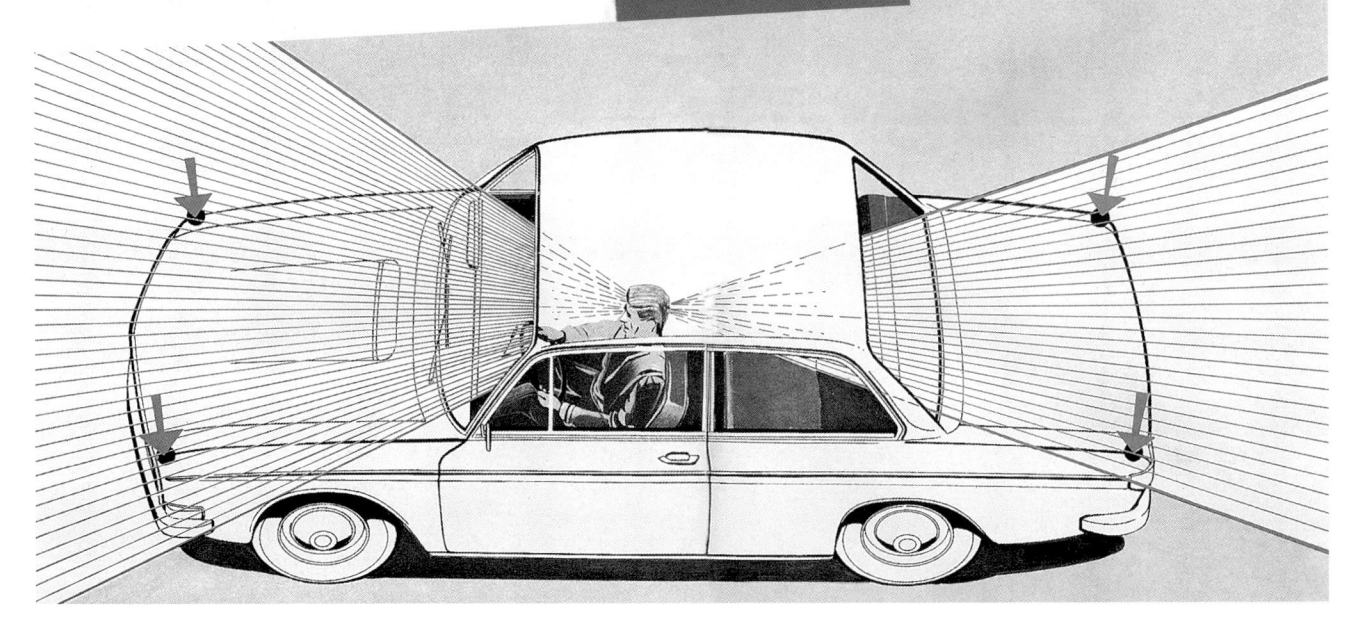

Audi 75 1968 - 72

Das Audi 75 L-Prinzip: Leistung, Komfort, Sicherheitsbauweise.

Hier ist ein komfortabler Wagen in der 1700er-Klasse: Der Audi 75 L.
Komfortabel, weil er einen großen, bequemen und sicheren Fahrgastraum besitzt.
Komfortabel, weil er ein präzis abgestimmtes Frontantrieb-Fahrwerk besitzt.
Komfortabel, weil sein robuster Viertakt-Vierzylinder-Motor laufruhig, stark und schnell ist.

Bequemer Fahrgastraum: Komfort bis ins Detail.

Funktionelle Eleganz: Das Armaturenbrett.
Zentral liegen die großen Rundinstrumente im Blickfeld des Fahrers. Ein Kombischalter regelt alle Lichtsignale. Elektrische Zeituhr, Zigarettenanzünder, großer Aschenbecher, geräumiger Handschuhkasten — jedes Detail ist mit Audi-Sorgfalt gebaut und gestaltet.
Bis hin zu den gepolsterten Sonnenblenden, zum Make up-Spiegel, zur Innenbeleuchtung.
Bis hin zur abwaschbaren Dachauskleidung.

Angenehmes Reisen: Bequeme Sitze. Dauer-Ventilation.
Die Einzelliegesitze sind körpergerecht ausgeformt und wie die 135 cm breite Rückbank federkerngepolstert. Hohe Rückenlehnen geben Halt und schützen vor Ermüdung.
Frische Luft wird aus der staub- und abgasfreien Zone unter der Windschutzscheibe angesaugt.
Sie strömt in breiter Front durch den gesamten Innenraum, ehe sie durch Öffnungen im Fond wieder austritt. Diese Dauer-Ventilation verstärkt auch die Heizwirkung im Winter.

Blau: Frischluft. Rot: Warmluft.

Aus einem im Februar 1969 veröffentlichten Prospekt für den Audi 75 L.

Audi 75 1968 - 72

Das Frontantrieb-Fahrwerk: Gegen Seitenwind und nasse Kurven.

Hohe Sicherheit.

Audi baut Frontantrieb-Wagen. Weil der Frontantrieb den Wagen zieht statt schiebt. Weil er die Seitenführungskraft verstärkt. Und weil der Schwerpunkt des Wagens im vorderen Drittel liegt.

Weil das alles zusammen hohe Sicherheit bei Seitenwind und in scharfen, nassen Kurven heißt.

Hoher Federungskomfort.

Zur Sicherheit und zum Komfort beim Fahren gehört die Konstruktion der Vorderachse: Einzelrad-Aufhängung an Dreieckslenkern, gefedert durch längsliegende Drehstabfedern. Die schlucken kurze Stöße und neutralisieren lange Schwingungen. Ein Querstabilisator verhindert das Neigen der Karosserie in den Kurven. Dazu gehört die Konstruktion der Hinterachse: eine selbststabilisierende Torsionskurbelachse.

Sie garantiert Spurtreue und Sturzkonstanz bei jeder Belastung: Kein seitliches Versetzen, kein Trampeln.

Ein Querlenkerstab sorgt für präzise Seitenführung. Die progressiv wirkende Drehstabfederung mit langen Federwegen, unterstützt von langhubigen, doppelt wirkenden Teleskopstoßdämpfern, schluckt auch grobe Unebenheiten.

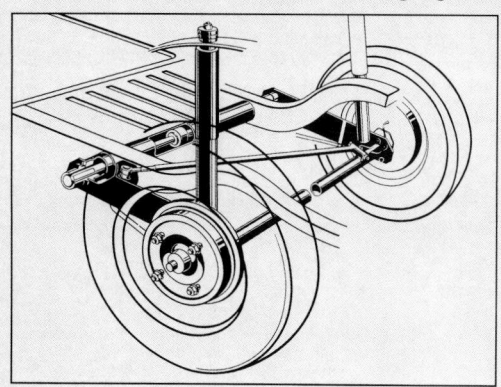

Der große Vorteil des Frontantriebs: Weitgehende Unempfindlichkeit gegen Seitenwindeinflüsse.

Audi 75 1968 - 72

Audi-Konstruktionsprinzip: Sicherheit innen und außen.

280-mm-Großscheibenbremsen.
Über das Thema Sicherheit können Auto-Konstrukteure gar nicht genug nachdenken. Audi-Konstrukteure tun es.
So hat der Audi 75 L besonders große Scheibenbremsen vorn: 280-mm-⌀. Und das bedeutet: Nach 40 Metern oder 4 Sekunden von 100 km auf 0.
Der Audi hat ein Zweikreisbremssystem. Und das heißt: Bremssicherheit auch dann, wenn ein System ausfällt. Die 280-mm-Großscheibenbremsen vorn liegen im kühlen Fahrtwind. Fading kommt nicht vor, auch nicht bei langen Paßabfahrten. Kein Ausbrechen nach rechts und links. Die Trommelbremsen hinten komplettieren die hervorragende Bremswirkung.

Sicherer Innenraum.
Auch kleine Dinge können zur Gefahr werden. Deshalb sind im Innenraum des Audi 75 L alle Teile verformbar und abgerundet. Die Bedienungshebel besitzen Sollbruchstellen und liegen geschützt unter der dick abgepolsterten Unterkante des Armaturenbretts.
Die Armlehnen sind stoßelastisch. Gepolstert und aus flexiblem Material sind selbst die Fensterkurbeln.
92% Rundumsicht, die alle Seitenbegrenzungen des Wagens und das Heckende immer im Blickfeld des Fahrers belassen, und die für stetige Frischluft sorgende Ventilation sind weitere Sicherheitsmerkmale des Audi-Konstruktionsprinzips.

*Auch hier keine Gags oder Formalismen –
bei Audi zählten nur Sachlichkeit und Ehrlichkeit.*

Audi 75 1968 - 72

Audi 60/75 Variant: Der wirtschaftliche Klein-Transporter.

Dieser Wagen bietet sich für alle Kleinbetriebe an. Denn er hat, bei heruntergeklappter Rückbank, eine genügend große Ladefläche für kleinere Transporte: 1,9 qm. Und er hat einen Laderaum von 1,6 cbm. Die zulässige Nutzlast beträgt 500 kg. Das zulässige Gesamtgewicht 1615 kg. Und die zulässige Anhängelast 700 kg gebremst, 550 kg ungebremst.
Und auch das ist sehr wichtig: Den Audi 60/75 Variant kann man mühelos beladen. Denn seine Hecktür schwenkt weit nach oben und die Ladefläche ist eben.

Im Sommer 1970 herausgegebener Prospekt für den Audi 60 (75 Variant, den Wagen mit der »großen Klappe«.)

Auch ein Argument für den Kombi: Man könne ihn mit 2000 Brötchen beladen...

Audi 60/75 Variant: Die Lösung für viele Transport-Probleme.

Für vielerlei Geschäfte ist der Audi 60/75 Variant ein gutes Geschäft.
Z.B. für eine Obst- und Gemüsehandlung: 23 Kisten Obst und Gemüse passen in den Audi Variant.
Z.B. für eine Gärtnerei: Rhododendron, Hyazinthen und Rosen fühlen sich behutsam transportiert.
Z.B. für eine Bäckerei: Bis zu 2000 Brötchen oder 120 Brote können in einen Audi Variant verladen werden.
Oder 50 Klappstühle. Oder, oder, oder...
Was für ein Geschäft haben Sie, damit der Audi 60/75 Variant ein Geschäft für Sie wird?

Audi 60/75 Variant: 55 oder 75 transportstarke PS.

Audi 75 1968 - 72

Audi-Kunden, so setzte man voraus, hatten ein starkes Interesse an der Technik.

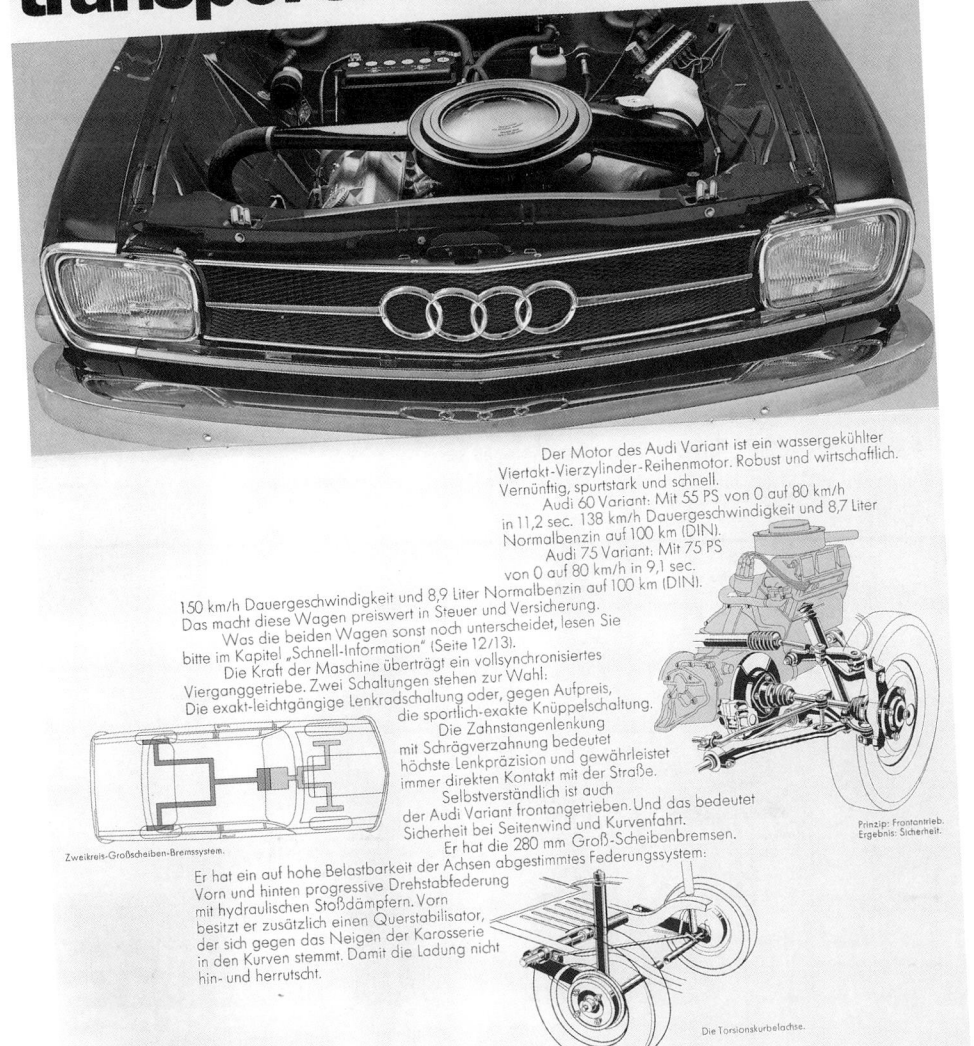

Der Motor des Audi Variant ist ein wassergekühlter Viertakt-Vierzylinder-Reihenmotor. Robust und wirtschaftlich. Vernünftig, spurtstark und schnell.

Audi 60 Variant: Mit 55 PS von 0 auf 80 km/h in 11,2 sec. 138 km/h Dauergeschwindigkeit und 8,7 Liter Normalbenzin auf 100 km (DIN).

Audi 75 Variant: Mit 75 PS von 0 auf 80 km/h in 9,1 sec. 150 km/h Dauergeschwindigkeit und 8,9 Liter Normalbenzin auf 100 km (DIN). Das macht diese Wagen preiswert in Steuer und Versicherung.

Was die beiden Wagen sonst noch unterscheidet, lesen Sie bitte im Kapitel „Schnell-Information" (Seite 12/13).

Die Kraft der Maschine überträgt ein vollsynchronisiertes Vierganggetriebe. Zwei Schaltungen stehen zur Wahl: Die exakt-leichtgängige Lenkradschaltung oder, gegen Aufpreis, die sportlich-exakte Knüppelschaltung.

Die Zahnstangenlenkung mit Schrägverzahnung bedeutet höchste Lenkpräzision und gewährleistet immer direkten Kontakt mit der Straße.

Selbstverständlich ist auch der Audi Variant frontangetrieben. Und das bedeutet Sicherheit bei Seitenwind und Kurvenfahrt.

Er hat die 280 mm Groß-Scheibenbremsen.

Er hat ein auf hohe Belastbarkeit der Achsen abgestimmtes Federungssystem: Vorn und hinten progressive Drehstabfederung mit hydraulischen Stoßdämpfern. Vorn besitzt er zusätzlich einen Querstabilisator, der sich gegen das Neigen der Karosserie in den Kurven stemmt. Damit die Ladung nicht hin- und herrutscht.

Zweikreis-Großscheiben-Bremssystem.

Prinzip: Frontantrieb. Ergebnis: Sicherheit.

Die Torsionskurbelachse.

Audi 100 1968 - 71

Auch beim Audi 100 galt es, auf den Viertaktmotor hinzuweisen. Es dauerte noch eine Weile, ehe man sich in Ingolstadt vom Zweitakt-Trauma gelöst hatte.

Jetzt herrscht die Farbe Silber bei den Werbemitteln vor. Nicht ohne Anlaß: Der Audi 100 wird präsentiert, das anspruchsvolle Fahrzeug der oberen Mittelklasse. Ein Prospekt vom Herbst 1968.

Audi 100 Programm-Information

Kraftvoller Viertaktmotor

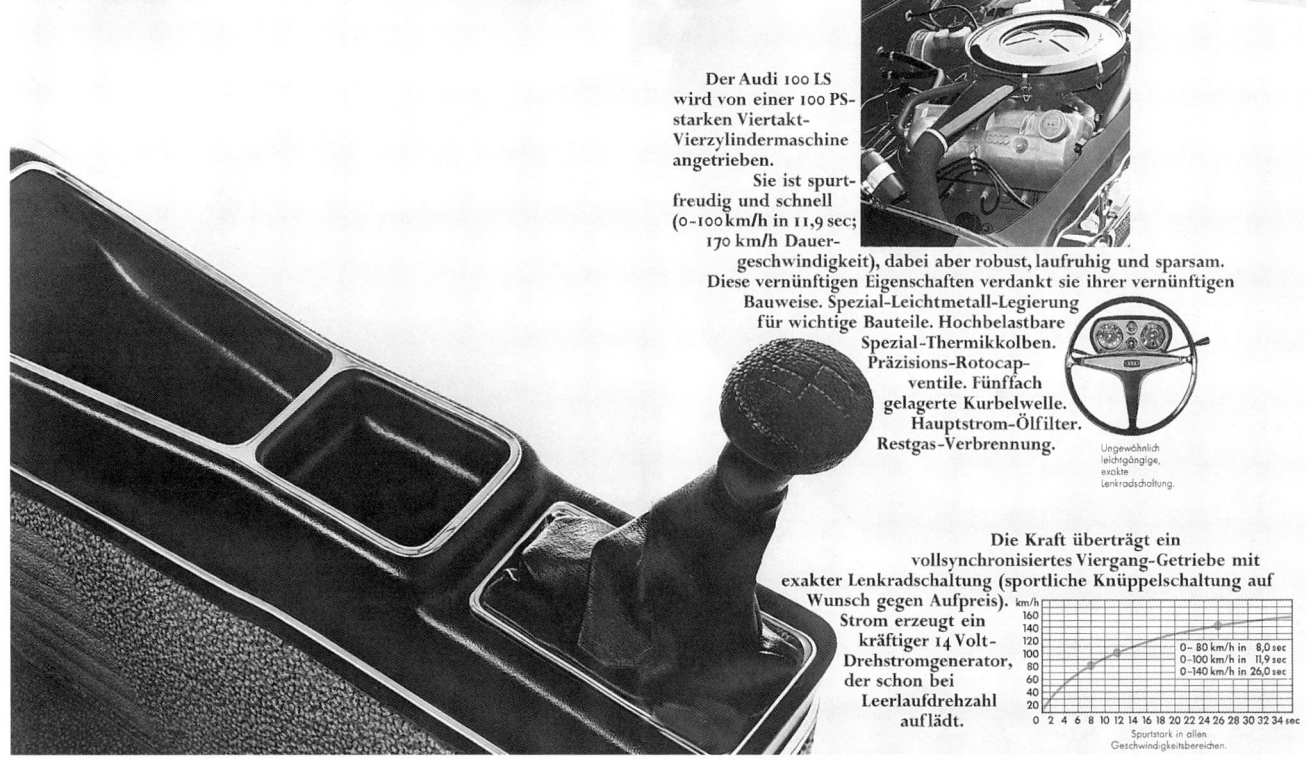

Der Audi 100 LS wird von einer 100 PS-starken Viertakt-Vierzylindermaschine angetrieben.
Sie ist spurtfreudig und schnell (0-100 km/h in 11,9 sec; 170 km/h Dauergeschwindigkeit), dabei aber robust, laufruhig und sparsam. Diese vernünftigen Eigenschaften verdankt sie ihrer vernünftigen Bauweise. Spezial-Leichtmetall-Legierung für wichtige Bauteile. Hochbelastbare Spezial-Thermikkolben. Präzisions-Rotocap-ventile. Fünffach gelagerte Kurbelwelle. Hauptstrom-Ölfilter. Restgas-Verbrennung.

Ungewöhnlich leichtgängige, exakte Lenkradschaltung.

Die Kraft überträgt ein vollsynchronisiertes Viergang-Getriebe mit exakter Lenkradschaltung (sportliche Knüppelschaltung auf Wunsch gegen Aufpreis). Strom erzeugt ein kräftiger 14 Volt-Drehstromgenerator, der schon bei Leerlaufdrehzahl auflädt.

0- 80 km/h in 8,0 sec
0-100 km/h in 11,9 sec
0-140 km/h in 26,0 sec

Spurtstark in allen Geschwindigkeitsbereichen.

Audi 100 1968 - 71

Mit dem Allstraßen-Fahrwerk kann der Audi 100 LS auf allen Straßen seine überlegene Motorleistung ausspielen.

Kernstück des Fahrwerks ist der Front-Antrieb. Er zieht das Auto, statt es zu schieben. Die für eine gute Straßenlage wichtige Seitenführungskraft der Hinterräder wird dabei nicht vermindert.
Weitere Merkmale des Allstraßen-Fahrwerks:
Die leichtgängige, progressiv übersetzte Zahnstangenlenkung.
Sie erlaubt sportliches Kurvenfahren, weil sie in Kurven den Lenkradeinschlag direkter auf die Räder überträgt.
Dann die an präzise führenden Dreieckslenkern aufgehängten Vorderräd
Mit hochliegenden Schraubenfedern, deren lange Federwege jede Belastung verkraften.
Mit einem Querstabilisator, der bei Kurvenfahrt das Neigen der Karosserie verhindert.
Dann die selbststabilisierende Torsionskurbel-Hinterach
Die 14 Zoll-Gürtelreife

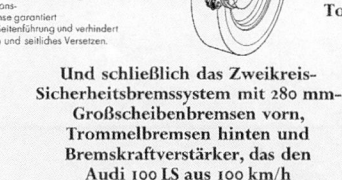

Die Torsions-
kurbelachse garantiert
präzise Seitenführung und verhindert
Trampeln und seitliches Versetzen.

Und schließlich das Zweikreis-
Sicherheitsbremssystem mit 280 mm-
Großscheibenbremsen vorn,
Trommelbremsen hinten und
Bremskraftverstärker, das den
Audi 100 LS aus 100 km/h
schon nach 42 m zum Stehen bringt.

Hervorragender
Federungskomfort
durch hoch liegende
Schraubenfedern.
Front-Antrieb gegen
Seitenwind, scharfe
Kurven, Glätte.

Allstraßen-Fahrwerk

Für den neuen Audi 100 galten alle technischen Argumente, die man zuvor für die anderen Modelle benutzt hatte. Die Werber sprachen von einem »Allstraßen-Fahrwerk«: Der Quattro war nicht mehr weit...

Audi 100 1968 - 71

Zentrales Instrumentenpult

Alle Instrumente und Bedienungsschalter sind auf einem mit afrikanischem Bete-Edelholz verkleideten Pult zusammengefaßt.

Sie lassen sich vom Fahrersitz aus schnell überblicken und bequem betätigen. Das Instrumentenpult ist oben und unten abgepolstert. Schalter und Hebel sind verformbar.

Die Rund-Instrumente sind übersichtlich und blendfrei.

Die reichhaltig[e] Instrumentieru[ng] verrät konstr[uk]tive Sorgfalt und großen Aufwand. Neben den selb[st]verständlichen Armaturen besitzt der Audi 100 LS einen Tageskilometerzähler, eine elektrische Zeituhr und eine Warnblinkanlage. (Drehzahlmesser und Kontroll-Lampen fü[r] Handbremse und Bremsflüssigkeit auf Wunsch gegen Aufp[reis]. Außerdem Schalter für den zweistufigen Scheibenwischer, für die Warnblink-Anlage und für die stufenlos regulierb[are] Instrumenten-Beleuchtung, einen Hauptlichtschalter und einen Blindschalter für Zusatzleuchten.

Ebenfalls bequem zu bedienen:
Die Hebel für Heizung und Belüftung.
Das Lenkzündschloß mit Anlaß-Wiederholsperr[e]
Der Kombinationsschalter für Lichtsignale und Kurzzeit-Scheibenwasch-Automatik an der Lenksäule.

Blinker   Fernlicht   Ladekontrolle
Öldruck   Bremsflüssigkeit   Handbremse

Von Haus aus hatte der Audi 100 zunächst Lenkradschaltung; Knüppelschaltung gab es aber auf Wunsch und ab Oktober 1974 auch serienmäßig.

Audi 100 1968 - 71

Der Audi 100 Zweitürer

Der Audi 100 Zweitürer hat die gleichen Fahreigenschaften, den gleichen Fahrkomfort, die gleiche Fahrsicherheit wie der Viertürer. Ihm fehlen eben nur die Fond-Türen. Was für viele Autofahrer kein Fehler ist. Noch besser als in der Theorie können Sie den großen Audi 100 LS oder eines der anderen Audi 100 Modelle auf einer Probefahrt kennenlernen.
Die Audi-Händler erwarten Ihren Besuch.

Erst bot Audi das Modell 100 nur viertürig an; den Zweitürer gab es ein Jahr später, nämlich ab Oktober 1969.

Audi 100 1968 - 71

Spurt vom Start zur Spitze. Vom Schalten befreit.
Der Audi 100 LS Automatic.

Information: Automatic.
Schicken Sie diesen Informations-Scheck an AUDI NSU AUTO UNION Aktiengesellschaft, 8070 Ingolstadt, Abt. W 6, Postfach 220. Sie erhalten von uns eine ausführliche Information über den Audi 100 LS Automatic. (Vergessen Sie bitte nicht Ihre Anschrift.)

bitte ausschneiden

Sie schalten einmal:
In Wählhebelstellung D (Drive). Jetzt sind alle drei Vorwärtsgänge geschaltet.
Für jede Verkehrssituation. Für jede Geschwindigkeit.
Gasgeben und Bremsen — das ist alles.
Mit der Wählhebelstellung 2 sperren Sie den dritten Gang (D-Gang). Das brauchen Sie nur bei starken Gefällstrecken, wenn die Motor-Bremswirkung im D-Gang vielleicht nicht ganz ausreichend ist. In Wählhebelstellung 1 ist neben dem D-Gang auch der 2. Gang gesperrt. Die Bremskraft des Motors ist nun maximal ausgenutzt.
N: Leerlaufstellung zum Anlassen. R: Rückwärtsgang.
P: Parksperre.
Der große Audi 100 LS Automatic macht das Fahren in der Sport-Komfortklasse noch bequemer. Aber nicht weniger sportlich. Z.B. durch den Kick-down-Effekt: Treten Sie das Gaspedal durch, schaltet die Automatic zurück: Schnell mehr Kraft beim Überholen.
Der große Audi 100 LS Automatic bedeutet Komfort für die Mitfahrer: Federkern-Liegesitze vorn. 142 cm breite Rückbank mit ausklappbarer Mittelarmlehne. Breitband-Ventilation für Luftaustausch in 15 sec. 650-Liter-Großkofferraum.
Der große Audi 100 LS Automatic bedeutet Komfort für den Fahrer: Fahren statt schalten.

AUDI NSU

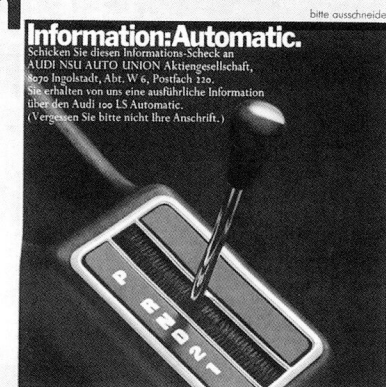

Die Kundenzeitschrift »copilot« (vorher: »Vier Ringe«) gab es bis Ende 1974 und erfreute sich bei Audi-Fahrern großer Beliebtheit, ehe ihr Erscheinen mangels Wirtschaftlichkeit eingestellt wurde.

1971 veröffentlichte Anzeige für den Audi 100 LS. Inzwischen firmierten die Ingolstädter als Audi NSU Auto Union AG.

Audi 100 1968 - 71

Wandzeitung im A2-Format für Händlerbetriebe - sie sollte wartenden Kunden die Zeit verkürzen.

51

Audi 100 1968 - 71

Den Händlern zur Verfügung gestelltes Anzeigenmotiv für die Audi-100-Werbung.

Audi 100 Premiere

Sonderschau
Ein neuer Audi. Komfortabler, luxuriöser, schöner.
Mit einem sportlich-kraftvollen Motor.
Mit einer Ausstattung, die in dieser Klasse beispiellos ist.
Sehr sicher und sehr solide gebaut.
Audi 100 mit 80 PS, Touring-Ausstattung, viertürig 8.890,-
Audi 100 S mit 90 PS, Spezial-Ausstattung, viertürig 9.290,-
Audi 100 LS mit 100 PS, Luxus-Ausstattung, viertürig 9.590,-
Wir laden Sie zur Premieren-Probefahrt ein.

Veröffentlichung in der Automobiltechnischen Zeitschrift (ATZ) *vom Januar/Februar 1969.*

Dipl.-Ing. Ludwig Kraus, Ingolstadt

Der Audi 100, ein europäischer Mittelklassewagen

Die Auto Union erweitert mit der neuen Typenreihe Audi 100, 100 S und 100 LS ihr Programm nach oben. Im folgenden werden die wesentlichen Überlegungen bei deren Entwurf geschildert, wichtige konstruktive Details beschrieben und technische Daten bekanntgegeben.

Konzeption

Die Aufgabe, ein neues Mittelklasse-Fahrzeug, Bild 1, zu entwickeln, erforderte die Prüfung aller denkbaren Auslegungen. Man kann sich vier Gedankenmodelle vorstellen:

Ein bezüglich Technik, aber auch Herstellung und Wartung anspruchsloses Automobil mit modischer Karosserie zu geringstem Preis (amerikanische Lösung),

Ein technisch verfeinertes Produkt mit zweckmäßiger moderner, aber nicht modischer Linie, mit sowohl technisch als auch stilistisch langer Lebenserwartung, zu einem etwas höheren Preis (europäische Lösung),

Ein stark motorisiertes Fahrzeug, relativ klein, leicht, schnell, für jugendliche Käufer (sportliche Lösung),

Ein avantgardistisches Automobil mit neuen technischen Merkmalen und ungewohnter Karosserielinie, das infolge geringer Stückzahlen einen hohen Preis und geringen Gewinn ergibt (revolutionäre Lösung).

Die letzte Lösung, von vielen erträumt, ist vom unternehmerischen Standpunkt gesehen die riskanteste und deshalb für ein mittelgroßes Automobilwerk nicht empfehlenswert. Auch die sportliche Lösung spricht nur einen begrenzten Käuferkreis an. Die amerikanische Lösung setzt schnelleren Wechsel der Karosserieform voraus, die nur bei sehr hohen Stückzahlen tragbar ist, sowie eine entsprechend beeinflußte Käuferschaft. Wenn man von Zukunftsentwicklungen wie Brennstoffzellen, Turbinen und auch der Wankelentwicklung zunächst absieht, dann scheint der Automobilbau an einem Stand angelangt zu sein, bei dem echte revolutionäre Lösungen kaum mehr möglich sind. Vielmehr scheint die Entwicklung, dahin zu gehen, durch Erarbeitung von wissenschaftlichen Erkenntnissen eine Verbesserung der Eigenschaften und der Funktionstüchtigkeit eines Fahrzeuges zu erreichen, wobei die Wirtschaftlichkeit wesentlich ist.

Für die Auto Union als mittelgroßes Automobilwerk bot sich daher die europäische Lösung als die bestgeeignete an, wobei durch theoretisch unterbauten Leichtbau und eine strömungsgünstige Karosserie — zusammen mit guter Motorisierung und guten Fahreigenschaften — eine Verbindung zur sportlichen Lösung gefunden werden sollte. Für den normalen Fahrer ergibt sich damit auch eine Erhöhung der aktiven Sicherheit. Angestrebt wurde nicht die Überbetonung bestimmter Eigenschaften auf Kosten anderer, sondern eine harmonische, wirtschaftliche Gesamtlösung.

Wirtschaftlichkeit, Fahreigenschaften, Leichtbau

In einer früheren Arbeit [1] wurde der Audi-Mitteldruck-Motor bereits beschrieben. Er besitzt aufgrund der Möglichkeit, hohe Verdichtungen bei genügendem Klopfabstand zu verwirklichen, einen günstigen thermodynamischen Wirkungsgrad, wodurch gute Teil- und Vollastverbräuche erzielbar sind. Da die Wirtschaftlichkeit auch vom Luftwiderstand der Karosserie ($c_w F$) und dem Gewicht des Fahrzeuges abhängt, war es erforderlich, für diesen Motor eine Karosserie zu entwickeln,

Bild 1. Der Audi 100 LS mit 100 PS, 1,8 l, 170 km/h

Audi 100 1968 - 71

Schon Ende 1968 war die Formulierung »Sport-Komfort-Klasse« geprägt worden, der man sich seitens Audi gern bediente.

Der große Audi 100 Sport-Komfort-klasse

Ein neuer Audi.
Komfortabler,
 luxuriöser, schöner.
Mit einem sportlich-
kraftvollen Motor.
Mit einer Ausstattung,
die in dieser Klasse
 beispiellos ist.
Sehr sicher und sehr
 solide gebaut.
Es gibt drei Audi 100-Modelle als zweitürige und viertürige Limousinen:
Audi 100 mit 80 PS und Touring-Ausstattung,
Audi 100 S mit 90 PS und Spezial-Ausstattung,
Audi 100 LS mit 100 PS und Luxus-Ausstattung.
 Alle diese Vorzüge machen den Audi 100 zu einem
Automobil einer neuen, fortschrittlichen
 Automobilklasse.
Wir nennen sie Sport-Komfortklasse.

Audi 100 1968 - 71

Information Sport:

Die Audi-Vollautomatic macht das Fahren in der Sport-Komfortklasse noch bequemer. Aber nicht weniger sportlich.

Der Audi 100 LS Automatic beschleunigt von 0 auf 100 km/h in 13,9 sec. Und ist 167 km/h dauerschnell.

Denn diese Voll-Automatic ist exakt auf den schwingungsfrei aufgehängten Viertakt-Vierzylindermotor des großen Audi 100 LS abgestimmt.

Auf diesen Motor mit dem hervorragenden Drehmoment: 15,3 mkp bei 3300 U/min. Mit seinen hochbelastbaren Spezial-Thermikkolben.

Mit seinen Präzisions-Rotocapventilen. Mit seiner fünffach gelagerten Kurbelwelle. Konstruktionselemente, die diesen Motor fit für sportliche Strapazen machen.

Automatisch.

Selbstverständlich besitzt die Audi 100 LS-Vollautomatic den „Kick-down-Effekt" für besonders rasantes Spurten.

Tritt man das Gaspedal ganz durch, schaltet sich der nächst niedrige Gang ein und erhöht so die Drehzahl.

Automatisch.

Es gab für den Audi 100 LS ab April 1970 auch eine Dreistufen-Schaltautomatik, Konstruktion VW.

Hier die sportlichen Daten des Audi 100 LS Automatic auf einen Blick:

Hubraum ccm	1760
Bohrung ∅ mm	81,5
Hub m—	84,4
Verdich...	
Leistun...	
Drehm...	
Dauer...	
Beschl...	
0 – 80	
0 – 100	
0 – 120	
Bergs...	
Bergs...	
Bergs...	

Information Technik:

Der große Audi 100 LS Automatic ist stark in der Technik. Seine Vollautomatic ist ausgereift und bewährt. Sie ist einfach zu bedienen:

Wählhebelstellung D (Drive): Alle drei Vorwärtsgänge sind geschaltet. Für jede Verkehrssituation. Vom Stillstand bis zur Höchstgeschwindigkeit. Automatisch. Gasgeben und Bremsen — das ist alles.

Wählhebelstellung 2: Jetzt ist der dritte Gang gesperrt. Das ist gut bei starken Gefällstrecken, wenn die Bremswirkung des dritten Ganges vielleicht nicht ausreichend ist.

Wählhebelstellung 1: Jetzt ist der zweite und der dritte Gang gesperrt. Und die Bremskraft des Motors maximal ausgenutzt. Natürlich hat diese Automatic auch eine Anlaß- und Parksperre (Stellung N und P). Zur starken Audi-Technik gehört ebenfalls das Allstraßen-Fahrwerk mit dem überlegenen Frontantrieb. Die Vorderräder sind einzeln aufgehängt und gegen das Neigen der Karosserie bei Kurvenfahrten querstabilisiert. Präzise Seitenführung garantiert die selbststabilisierende Torsionskurbel-Hinterachse.

Eine neuartige Breitband-Ventilation sorgt für totalen Luftaustausch in weniger als 15 sec bei 100 km/h.

Um die Ganzstahlkarosserie mit dem verformungsfesten Fahrgast-Großraum gruppieren sich schützend elektronisch berechnete „Knautschzonen".

Zur Audi-Technik gehört ebenso das Zweikreis-Sicherheitsbremssystem mit 280 mm ∅-Großscheibenbremsen.

Und eine Sicherheitslenksäule, die bei einem Aufprall abknickt. Und außerdem: Sorgfalt bis in das kleinste Detail.

Hier die technischen Daten des Audi 100 LS Automatic auf einen Blick:

Bauart:	Bodenanlage mit Karosserie verschweißt.
Vorderachse:	Radaufhängung an je 2 Dreiecks-Querlenkern, längselastisch gelagert.
Federbein:	Hochliegende Schraubenfedern mit Teleskop-Stoßdämpfer kombiniert, Querstabilisator zur Verminderung der Kurvenneigung.
Hinterachse:	Torsionsachse mit Stabilisator, über Kurbelarme mit querliegenden Drehstabfedern verbunden. Präzise Seitenführung durch Panhard-Stab. Doppelt wirkende, hydraulische Stoßdämpfer.
Lenkung:	Präzise Zahnstangenlenkung mit Schrägverzahnung. Hohe Sicherheit durch Anordnung hinter der Vorderachse oberhalb des Getriebes, abgewinkelte Lenksäule, Lenkungsdämpfer.
Lenkungsübersetzung:	Progressiv. Bei Geradeausfahrt 21,6. Mit zunehmendem Radeinschlag direkter bis 14,4.
Wendekreis-Durchmesser:	11,2 m
Felgen:	4¹/₂ J x 14 H
Reifen:	165 SR 14 (Gürtelreifen)
Bremsen:	Hydraulische Zweikreis-Bremse Vorn Scheibenbremsen (∅ 280 mm) hinten Trommelbremsen (∅ 200 mm) mit Bremskraftverstärker.

Technische Informationen zum Audi 100 LS Automatic vom April 1970.

Audi 100 Coupé S 1970 - 76

Ein neuer Star aus Ingolstadt: Das attraktive Audi 100 Coupé S, vorgestellt im September 1969. Doch erst ein Jahr später ging es in Serie. Diese Darstellung zierte den Titel einer Broschüre für die Motorpresse.

Cover eines aufwendigen Sonderprospektes für das Coupé vom Januar 1972.

Audi 100 Coupé S 1970 - 76

Audi 100 Coupé S.
Die große Kraft.
Die intelligente Technik.
Der exclusive Komfort.

Dieser Wagen ist stark: Er hat 112 temperamentvolle PS.
Dieser Wagen ist durchkonstruiert:
Er hat die durchdachte Frontantrieb-Technik, das ausgewogen-sichere Breitspur-Fahrwerk und die ausgeklügelt-komfortable Federung.
Dieser Wagen ist exklusiv:
Er hat das elegant funktionelle Cockpit. Er hat die körpergerecht geformten Einzel-Liegesitze vorn.
Ein sportliches Coupé mit Platz für vier.
Mit einem Kofferraum für lange Reisen mit viel Gepäck.
Zeitlos elegant ist das Styling.
Sportlich präsentiert sich die Frontpartie mit vier Halogenscheinwerfern.
Das Audi 100 Coupé S ist eine Klasse für sich: Für eine neue Sportfahrer-Klasse.

Die Silhouette des Audi Coupés verriet klassische Linien und einen Hauch von italienischem Design.

Audi 100 Coupé S 1970 - 76

Die 112 PS-Spurtstärke.

Die kraftvolle 112-PS-Maschine. Startsicher und winterfest durch Startautomatik und Ansaugstutzen mit Thermosteuerung.

Der Viertakt-Vierzylinder-Reihenmotor des Audi 100 Coupé S ist schwingungsfrei aufgehängt. Alle Aggregate sind klar, übersichtlich und leicht zugängig angeordnet. Ein Vorteil bei den Wartungsdiensten.

Die Kurbelwelle ist fünffach gelagert. Das garantiert hohe Standfestigkeit und lange Lebensdauer.

Die Rotocap-Ventile sind mit je zwei Ventilfedern ausgerüstet, wodurch auch bei hohen Drehzahlen jegliches Flattern ausgeschlossen ist.

Der Motor des Audi 100 Coupé S zeichnet sich aus durch große Spurtstärke und hohe Spitzenleistung. Und trotzdem ist diese Maschine wirtschaftlich: Nur 8,9 Liter Superbenzin auf 100 km.

Der Kraftstoffbehälter des Audi 100 Coupé S faßt 58 Liter. Der Tank braucht also unter günstigen Bedingungen auf einer Strecke von über 600 Kilometern nicht ein einziges Mal nachgefüllt zu werden.

Serienmäßig ist das Audi 100 Coupé S mit vollsynchronisiertem Viergang-Getriebe ausgestattet.

Das vollautomatische, stufenlose Dreibereich-Getriebe mit vorgeschaltetem Drehmomentwandler, das als Mehrausstattung lieferbar ist, macht das Fahren im Audi 100 Coupé S noch komfortabler. Vom Start zur Spitze ohne Schalten. Aber nicht weniger sportlich: Treten Sie das Gaspedal durch, schaltet die Automatik zurück (Kick down-Effekt): Schnell mehr Kraft beim Überholen. Nehmen Sie das Gaspedal zurück, wird automatisch wieder der nächsthöhere Fahrbereich geschaltet.

Hier ist von 112 PS die Rede; es wurden auch 115 PS angegeben. Auf Wunsch bekam man das Coupé mit Getriebeautomatik.

57

Audi 100 Coupé S 1970 - 76

Die durchdachte Frontantrieb-Technik.

Auf die starke Leistung des schnellen und spurtstarken Audi 100 Coupé S ist sein Frontantrieb-Fahrwerk abgestimmt. Der Schwerpunkt des Wagens liegt im vorderen Drittel. Dort, wo der Seitenwind angreift. Frontantrieb zieht diesen sportlichen Wagen. Statt ihn zu schieben. Frontantrieb steht für Sicherheit.

Das Audi 100 Coupé S zieht sicher über lange Gerade und durch scharfe Kurven. Denn seine Zahnstangenlenkung ist progressiv übersetzt: Je enger die Kurve, um so direkter die Übersetzung.

Präzis führen die längselastisch gelagerten Dreieckslenker die angetriebenen Vorderräder. Die Vorderachskinematik ist auf das starke Drehmoment des 1,9-Liter-Motors abgestimmt und garantiert Leichtgängigkeit und Exaktheit der Lenkung. Federbeine mit hochliegenden Schraubenfedern und langen Federwegen verkraften jede Straßenunebenheit. Querstabilisatoren vorn und hinten stemmen sich gegen das Neigen der Karosserie in den Kurven.

Die Torsionskurbel-Hinterachse mit Panhard-Stab garantiert präzise Seitenführung und verhindert seitliches Versetzen und Trampeln. Der Audi 100 Coupé S fährt auf extrem breiten Gürtelreifen: 185/70 HR-14, montiert auf 5-Zoll-Stahlfelgen. Die nehmen höchste Seitenkräfte auf.

Das Audi 100 Coupé S hat großdimensionierte, innenbelüftete Bremsscheiben vorn mit 291 mm Durchmesser. Dazu kommt das doppelte Zweikreis-Bremssystem mit Doppelfunktion vorn und Bremskraftverstärker. Das alles bedeutet: Exaktes, sicheres Bremsen.

Detaillierte technische Beschreibung des Audi Coupés, zu finden in dem 1972er Sonderprospekt.

Audi 100 Coupé S 1970 - 76

Die sportliche Exclusiv-Ausstattung.

Links neben dem Instrumentenpult die beiden Kippschalter für die zweistufigen Scheibenwischer und die Warnblinkanlage. Rechts der Hauptlichtschalter sowie ein Blindschalter für Zusatzleuchten. In der Mitte der Armaturen-Tafel die Regelmechanik für Breitband-Ventilation und Heizung. Auf der Mittelkonsole ist der griffig-kurze Schaltknüppel. Davor der Kippschalter für die beheizbare Heckscheibe. Darüber: Schaltschema und Zeituhr sowie Kontrolleuchten für die beheizbare Heckscheibe und das Zweikreis-Bremssystem.
In der Mitte der Zigarettenanzünder. Darunter der Aschenbecher.
Selbstverständlich ist das geräumige Handschuhfach beleuchtet. Links unter der Armaturentafel ist eine große Ablage. An beiden Türen sind Kartentaschen. Vorn und hinten gibt es weiche, breite Armlehnen.

Das Audi 100 Coupé S hat die sportliche Exclusiv-Ausstattung.
Die körpergerecht geformten Einzel-Liegesitze vorn mit Kopfstützen. Hinten haben zwei Erwachsene bequem Platz.
Der 500-Liter-Großkofferraum des Audi 100 Coupé S bietet viel Platz für das Urlaubsgepäck der ganzen Familie. 5 große Koffer und eine Menge Kleingepäck faßt dieser für ein Coupé ungewöhnlich große Gepäckraum. Zwei separate Behälter bieten zusätzlichen Platz für Benzinkanister und Werkzeug.
Das um 40 mm höhenverstellbare Vierspeichen-Sportlenkrad mit der gepolsterten Prallplatte läßt sich jeder Körpergröße anpassen.
Eleganz und Sportlichkeit prägen die mit echt Nußbaum ausgelegte Armaturen-Tafel. Schützende Polster sichern die Tafel oben und unten ab.
Im direkten Blickfeld des Fahrers liegen die großen, blendfreien Rundinstrumente: Tachometer, Drehzahlmesser, Fernthermometer und Benzinuhr. Außerdem sind hier die Drehknöpfe für Tageskilometerzähler und die regelbare Instrumentenbeleuchtung. An der Lenksäule befindet sich der leicht bedienbare Kombihebel für Fernlicht und Abblendlicht, Lichthupe, Blinker, Parkleuchten und die Kurzzeit-Scheibenwasch-Automatik.

Fließheck mit reichlich Platz im Kofferraum: Das Audi Coupé durfte man als echten Gran Turismo bezeichnen.

Audi 100 Coupé S 1970 - 76

Audi 100 Coupé S. Schnellinformation.

Serienmäßige Ausstattung
Audi 100 Coupé S
Frischluft-Warmwasserheizung mit Gebläse
Frischbelüftungssystem
Elektrische Scheibenwaschanlage mit zweistufigem Scheibenwischer und relaisgesteuerter Wisch-Wasch-Automatik
Tachometer mit Tageskilometerzähler, Drehzahlmesser
Stufenlos regulierbare Instrumentenbeleuchtung
Halogen-Doppelscheinwerfer
Lichthupe, Warnblink-Anlage
Parklichtschaltung vorn und hinten
Kontaktschalter für Innenbeleuchtung an beiden Türen
Innenleuchte
Beleuchtung für Handschuhkasten, Kofferraum, Instrumentenpult und Heizungs-Betätigung
Elektrische Heizung
Abblendbarer Innenrückspiegel
Abklappbarer Außenrückspiegel
Zündschloß mit Anlaßwiederholsperre und Lenkradsicherung
Zigaretten-Anzünder
Frontscheibe aus Verbund-Sicherheitsglas
beheizbare Heckscheibe
Halteriff am Dachrahmen vorn
Zwei Haltegriffe mit Kleiderhaken hinten
Zwei gepolsterte schwenkbare Sonnenblenden mit Make-up-Spiegeln
Ein Aschenbecher in der Konsole, zwei im Fond
Einzel-Liegesitze mit verstellbaren Rückenlehnen, Armstützen und Kopfstützen
Kombinierte Flock-Velours/Skai-Polsterbezüge
Velourteppich als Bodenbelag
Vier große gepolsterte Armlehnen
Anschlüsse für Sicherheitsgurte vorn und hinten
Abschließbare Türschlösser an beiden Türen
Große Ablage links unter der Armaturentafel
Zwei Abstellfächer im Kofferraum
Höhenverstellbares Vier-Speichen-Sportlenkrad
Armaturentafel mit echtem Nußbaumholz

ausgelegt, oben und unten gepolstert mit sogenannten Sicherheitswulsten
Textil-Gürtelreifen 185/70 HR-14
Sportliche Radzierblenden
Auspuffblenden
Zwei Rückfahrscheinwerfer
Abschließbarer Tankdeckel aus Edelstahl
Knüppelschaltung

Aufbau
Selbsttragender Ganzstahl-Aufbau, zweitürig.
Glatter Unterboden
Leitungen, Züge und Auspuff verdeckt verlegt.
PVC-Unterbodenschutz
Fahrgastraum als verformungsstabile Sicherheitskabine konstruiert.
Bug- und Heckpartie als stoßabsorbierende Knautschzonen.
500-Liter-Kofferraum.
58-Liter-Tank.

Motor
Wassergekühlter Viertakt-Vierzylinder-Reihenmotor vorn
Hubraum 1871
Bohrung Ø 84,0
Hub mm 84,4
Verdichtung 10,0 : 1
Leistung 112 DIN PS bei 5600 U/min
129 SAE PS bei 5600 U/min
Drehmoment 16,3 mkp bei 3500 U/min
Vergaser 32/35 TDID
Fallstrom-Registervergaser mit Umluftkanal und Startautomatik
Kraftstoffpumpe Solex-Membranpumpe

Schmiersystem Druck-Umlaufschmierung
Kraftübertragung Einscheiben-Membranfeder Trockenkupplung
Getriebe Viergang-Getriebe (Synchronisierung System Porsche)
Antrieb Vorderrad-Antrieb durch Gelenkwellen mit je 2 homokinetischen Rzeppa-Gelenken

Elektrische Anlage
Spannung 12 Volt
Anlasser 12 Volt 0,8 PS
Batterie 12 Volt 54 Ah
Lichtmaschine Drehstrom-Generator 14 Volt 55 Ampere (Ladebeginn schon bei Leerlaufdrehzahl)

Fahrwerk
Bauart Bodenanlage mit Karosserie verschweißt
Vorderachse Radaufhängung an je 2 Dreieck-Querlenkern, längselastisch gelagert
Federbein Hochliegende Schraubenfeder mit Teleskop-Stoßdämpfer kombiniert, Querstabilisator zur Verminderung der Kurvenneigung

Hinterachse Torsionsachse mit Stabilisator, über Kurbelarme mit querliegenden Drehstabfedern verbunden. Präzise Seitenführung durch Panhard-Stab. Doppelt wirkende, hydraulische Stoßdämpfer
Lenkung Präzise Zahnstangenlenkung mit Schrägverzahnung. Hohe Sicherheit durch Anordnung hinter der Vorderachse oberhalb des Getriebes.
Lenkungsübersetzung Progressiv.
Bei Geradeausfahrt 21,5.
Mit zunehmendem Radeinschlag direkter bis 14,4
Wendekreis-Durchmesser 11 m
Felgen 5 J x 14 H2
Reifen 185/70 HR-14
Bremsen Hydraulische Zweikreis-Bremse mit 4 Zylinder-Bremssätteln.
Vorn innenbelüftete Bremsscheiben (Ø 259 mm)
hinten Trommelbremsen (Ø 200 mm)
Bremskraftverstärker

Heizung und Lüftung
Frischluft aus der staub- und abgasarmen Druckzone vor der Windschutzscheibe wird bei eingeschalteter Heizung im Wärmetauscher aufgeheizt und ins Wageninnere geleitet. Durch sieben breite Düsen an der Windschutzscheibe. Durch zwei Richtstrahldüsen an die Seitenscheiben. Durch zwei große Verteilerdüsen im Fußraum ins Wageninnere.
Ist die Heizung abgeschaltet, strömt durch die gleichen Düsen Frischluft ins Wageninnere.
Zwei regulierbare Breitstrahldüsen im Instrumentenpult, durch die ungeheizte Frischluft strömt, sind direkt auf Fahrer und Beifahrer gerichtet.
Die aus der Heizung austretende Warmluft- oder Kaltluftstrom kann durch ein stufenlos regulierbares Elektro-Gebläse intensiv werden. Kalt- und Warmluft ist stufenlos mischbar. Verstellbare Klappen regeln die Verteilung.
Durch zwei regulierbare Düsen, links und rechts und gleichzeitig in Kopfhöhe geleitet werden. Gleichzeitig strömt bei eingeschalteter Heizung Warmluft in den Fußraum.
Zwangsentlüftung:
Der Luftstrom streicht am Dach, von den Seitenscheiben und am Boden entlang zu den 22 Abzug-Öffnungen in der Hutablage, wird in die hinteren Dachpfosten geleitet und dort aus 10 Öffnungen ins Freie abgesaugt.

Abmessungen und Gewichte
Länge 4398 mm
Breite 1750 mm
Höhe (mittlere Belastung) 1309 mm
Radstand 2560 mm
Spur vorn/hinten 1440 mm
Bodenfreiheit (unbelastet) 185 mm
Gewichte in kg Leergewicht 1100 kg
zul. Gesamtgewicht 1450 kg
Zuladung 350 kg
Zulässige Achslast vorn/hinten 800/700 kg
Zulässige Anhängelast gebr./ungebr. 1100/550 kg
Füllmenge Kraftstoffbehälter ca. 58 Liter
Motor max. 4 min. 2,5 Liter
Getriebe 2,0 Liter
Kühlsystem 7,5 Liter

Fahrleistungen
Höchstgeschwindigkeit 183 km/h
Beschleunigung
0-80 km/h 7,3 sec
0-100 km/h 10,2 sec
Maximale Bergsteigfähigkeit
im 1. Gang in % 55 %
Verbrauch nach DIN 70030 8,9 Liter Super/100 km

Audi 100 Coupé S mit Automatic:
Stufenloses Drei-bereich-Getriebe mit vorgeschaltetem Drehmomentwandler.
Leergewicht 1120 kg
zul. Gesamtgewicht 1470 kg
Zuladung 350 kg
Höchstgeschwindigkeit 179 km/h
Beschleunigung
0-80 km/h 7,9 sec
0-100 km/h 11,2 sec
Verbrauch (DIN 70030) 10,1 l Super/100 km
Max. Bergsteigfähigkeit im 1. Fahrbereich 57 %

Änderungen in Konstruktion und Ausstattung vorbehalten.

Abendstimmung für Genießer: Das Audi Coupé und seine Daten. Der 1871-ccm-Motor leistete 112 PS, 12 PS mehr als im Audi 100 LS.

Jetzt mit neuem Schriftzug: Titelseite des letzten Coupé-Prospektes, der Anfang 1976 erschien.

Audi 100 Coupé S 1970 - 76

Der Motor.

Das Triebwerk hat 112 PS. Für schnelle Spurts, sicheres Überholen und eine hohe Dauergeschwindigkeit.

Das Audi 100 Coupé S ist mit einem 1,9-Liter-/112-PS-Motor ausgerüstet. Einem kraftvollen Vierzylinder, wassergekühlt. Er bringt den Wagen in 10,2 sec von 0 auf 100 km/h und bietet ein ausgeglichenes Drehmoment über einen weiten Drehzahlbereich. Das bedeutet gute Durchzugskraft in allen Gängen und schaltarmes Fahren. Bei dieser hohen Leistung ist der Motor durch eine fünffach gelagerte Kurbelwelle ungewöhnlich laufruhig.

*Der leistungsstarke Vierzylinder.
1,9 Liter/112 PS.*

Der Verbrauch ist niedrig und beträgt nur 8,9 l Super auf 100 km (DIN). Ein Ergebnis der gelungenen Abstimmung von aerodynamischer Karosserie, Brennraumform, Gemischführung, Vergaser und Leistungsgewicht. Dazu kommt ein Doppel-Vorwärmsystem für das Kraftstoff-Luftgemisch, das den Verbrauch im Kurzstreckenverkehr reduziert, und eine doppelt gesteuerte Startautomatik, die für Sparsamkeit bei Kaltstart und Kaltlauf des Motors sorgt. Die Wartung des Motors ist problemlos leicht. Der Ölwechsel ist nur zweimal jährlich oder alle 7.500 km erforderlich.

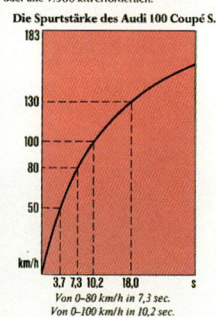

Die Spurtstärke des Audi 100 Coupé S.

*Von 0-80 km/h in 7,3 sec.
Von 0-100 km/h in 10,2 sec.*

Der Antrieb. Das Fahrwerk.

Das perfekte Frontantrieb-Fahrwerk hält den Wagen sicher auf jeder Straße.

Der Frontantrieb. Durch den Frontantrieb zeigt das Audi 100 Coupé S eine hervorragende Kurvenstabilität und überlegene Fahreigenschaften vor allem bei Regen und Glätte. Motor, Getriebe und Differential sind kompakt zu einem Block zusammengefaßt, der mit seinem Gewicht nahe den angetriebenen Vorderrädern liegt. Dadurch rückt der Schwerpunkt des Wagens ins vordere Drittel und verleiht dem Audi 100 Coupé S auch bei Seitenwind ein überzeugendes Fahrverhalten.

Federung und Radaufhängung. Das Fahrwerk des Audi 100 Coupé S bietet überzeugende Leistungen in Komfort und Sicherheit. Es hat vorn hochliegende Schraubenfedern und hinten wirksame Federbeine, die mit Teleskop-Stoßdämpfern kombiniert sind. Die Federung ist so abgestimmt, daß auch leichte Stöße sofort gedämpft werden, der zum sicheren Fahren notwendige Straßenkontakt aber trotzdem nicht verlorengeht. Ein Querstabilisator verhindert, daß sich das Auto in Kurven unangenehm neigt.

Die Radführung erfolgt vorn Dreieck-Querlenker und hinten Torsionskurbelachse mit zusätzlichem hardstab. Das macht die Straße Wagens sehr sicher. Der Wagen ist Stahlgürtelreifen ausgerüstet, die ragenden Fahrwerksleistungen verstärken.

Die 14-Zoll-Stahlgürtelreifen verstärken die gute Leistung des

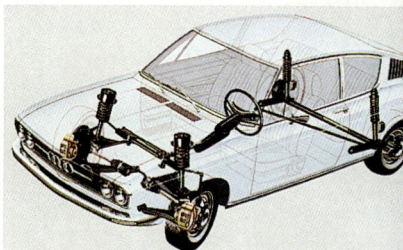

Das Hochleistungs-Fahrwerk des Audi 100 Coupé S.

Die Lenkung. Ungewöhnlich viel Komfort und Sicherheit bietet auch die Lenkung des Audi 100 Coupé S. Es ist eine Zahnstangenlenkung, die leicht und präzise reagiert. Für den vollen Radeinschlag braucht man nur wenig Lenkradumdrehungen, was besonders in Kurven, bei Paßfahrten und beim Einparken angenehm ist.

Das sportliche Vierspeichen-Lenkrad ist bis zu 40 mm höhenverstellbar und kann der Größe des Fahrers angepaßt werden.

Ein Lenkungsdämpfer verhin bei hohen Geschwindigkeiten Fahrbahnstöße auf das Lenkrad werden. Die Lenksäule hat ein Ausklinkelement. Dadurch gibt s Aufprall nach und dringt nicht in ein.

*Stimmungsvolle Fotos und Erklärungen zur Technik:
Audi-Coupé-Kunden sollten Bescheid wissen.*

Audi 100 Coupé S 1970 - 76

Das Bremssystem.

Das **Audi 100 Coupé S** hat das fortschrittliche Lenkstabile Bremssystem. Es verhindert weitgehend Schiefziehen, Schleudern und Ausbrechen in gefährlichen Bremssituationen.

Das Lenkstabile Bremssystem. Das Lenkstabile Bremssystem hat als Grundlage eine Vorderachse mit Negativem Lenkrollradius und eine Diagonal-Zweikreis-Bremsanlage. Es bietet dem Fahrer des Audi 100 Coupé S viel Sicherheit in gefährlichen Bremssituationen. Der Wagen bleibt beim Bremsen schnurgerade auf der Straße, selbst wenn man mit beiden Rädern einer Seite auf glatten Untergrund, wie Glatteis, Öl oder Sand, gerät.

Der Negative Lenkrollradius. Der Negative Lenkrollradius an der Vorderachse des Audi 100 Coupé S wirkt sich nicht nur in gefährlichen Bremssituationen aus, sondern auch in kritischen Momenten beim Fahren. Wenn Sie zum Beispiel beim Überholen auf der Autobahn nach links auf den Mittelstreifen gedrängt werden, auf der Landstraße in weiches Bankett geraten oder ein Vorderreifen platzt. Er stabilisiert die Vorderräder und hält den Wagen spurgenau gerade. Ohne daß es zum Schiefziehen, Schleudern oder Ausbrechen kommt.

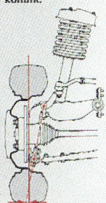

Die Audi 100 Coupé S-Vorderachse mit Negativem Lenkrollradius.
Die Lenkachse (gestrichelte Linie) endet hier nicht wie bei anderen Vorderrad-Aufhängungen vor (positiver Lenkrollradius) oder in der Radmittelebene (Lenkrollradius null), sondern außerhalb der Radmittelebene (Negativer Lenkrollradius).

Das Diagonal-Zweikreis-Bremssystem. Die zwei Bremskreise des Audi 100 Coupé S sind über Kreuz, diagonal angeordnet. Dadurch wird bei Ausfall eines Kreises je ein gegenüberliegendes Vorder- und Hinterrad gebremst. Das hat den Vorteil, daß die Bremskraftverteilung zwischen vorn und hinten unverändert erhalten bleibt. Das Audi 100 Coupé S ist dazu mit einem lastabhängigen Bremskraftregler und einem Bremskraftverstärker ausgerüstet.

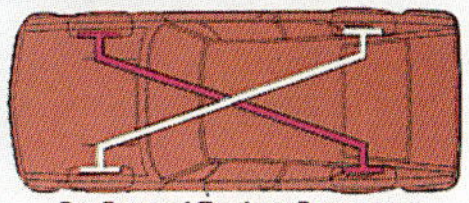

Das Diagonal-Zweikreis-Bremssystem für höchste Bremssicherheit.

Der gesamte Wartungsdienst muß nur einmal jährlich oder alle 15.000 Kilometer durchgeführt werden. Mit der Audi-Computer-Diagnose können schnell und wirtschaftlich bis zu 70 Funktionen überprüft werden.

Die Hinterrad-Trommelbremsen haben zur besseren Kühlung spezielle Luft-Kühlrippen.

Die Schwimmsattel-Scheibenbremsen sind für eine gute Bremswirkung sehr groß dimensioniert.

Dank negativem Lenkrollradius ein »lenkstabiles Bremssystem«.

Audi 100 Coupé S 1970 - 76

Der Innenraum. Die Armaturen.

Die komfortable Ausstattung dieser schnellen Sport-Limousine ist vorbildlich. Der große Reise-Gepäckraum faßt 500 Liter. Die Cockpit-Ausrüstung ist funktionell und sehr reichhaltig.

Der Innenraum. Das Audi 100 Coupé S bietet exklusiven Komfort. Dazu gehört auch der Fond mit seinen großzügigen Abmessungen. Nicht nur Fahrer und Beifahrer sitzen außerordentlich bequem, sondern auch die Reisenden hinten haben viel Platz. Mit viel Kopffreiheit, trotz des sportlichen Schräghecks. Ungewöhnlich breite Türen gestatten ein bequemes Ein- und Aussteigen. Alle Sitze sind anatomisch profiliert, haben eine gute Seitenführung und geben dadurch auch beim sportlichen Kurvenfahren festen Halt.

Die Vordersitze haben abnehmbare, verstellbare Kopfstützen, die Lehnen lassen sich bis zur Ruhelage verstellen. Doch nicht nur deshalb reist man im Audi 100 Coupé S so komfortabel. Viele Details tragen ebenfalls dazu bei. Geräumige Ablagen, Armlehnen an den Türen, Kleiderhaken an den Haltegriffen im Fond oder die wirksame Heizungs- und Belüftungsanlage.

So komfortabel der Innenraum des Wagens ist, so sicher ist er auch. Der Fahrgastraum ist extrem verformungsstabil gebaut. Computerberechnete Knautschzonen vorn und hinten absorbieren bei einem Aufprall den größten Teil der Stoßenergie. Und eine Sicherheits-Innenausstattung bietet viel Sicherheit: Verformbare Armaturentafel, abgedeckte Schalter und Instrumente, Sicherheits-Innenspiegel, flexible Armlehnen und Fensterkurbeln, versenkte Türinnengriffe, beheizbare Heckscheibe.

Der Fahrgastraum ist als verformungsstabile Sicherheitskabine gebaut, die vorn und hinten von computerberechneten Knautschzonen geschützt wird.

Die elegante, sportlich instrumentierte Armaturentafel.

Die Armaturen. Die sportliche Armaturentafel ist umfangreich instrumentiert. Mit einem großen Drehzahlmesser und dem übersichtlichen Tachometer, das zusätzlich mit einem Tageskilometerzähler versehen ist. Direkt im Blickfeld des Fahrers liegen auch Benzinuhr und Kühlwasser-Temperaturanzeige. In der Mittelkonsole befinden sich die elektronische Quarzuhr, die Regeltaste für die beheizbare Heckscheibe, Zigarrenanzünder, Aschenbecher und Schaltschema. Alle Instrumente sind blendfrei. Von der Lenksäule aus können mit zwei Bedienungshebeln die wichtigen Funktionen in Gang gesetzt werden.

Der Gepäckraum. Der Reisekomfort des Audi 100 Coupé S zeigt sich auch an seinem großen Gepäckraum. Er faßt 500 Liter und hat zwei zusätzliche Behälter, in denen man Benzinkanister und Werkzeug unterbringen kann.

Im Reise-Gepäckraum ist viel Platz

Auch in bezug auf Komfort nahm es das Coupé mit jedem Konkurrenten auf.

Audi 100 Coupé S 1970 - 76

Das Angebot an unterschiedlichen Modellen war nach der Fusion mit NSU im März 1969 besonders umfangreich.

Sammelprospekt vom Februar 1972. Im Mittelpunkt der Audi-NSU-Kollektion: das Audi Coupé. »Vorsprung durch Technik« wird zum meistverwendeten Haus-Slogan.

65

Audi 100 GL 1971 - 76

Prospekt für den Audi 100 GL von 1975. Der Wagen hatte den gleichen 1871-ccm-Motor mit 112 PS unter der Haube wie das Coupé.

Die Motoren.

Die kraftvollen Audi 100-Motoren sind sehr elastisch, beschleunigungsstark und erzielen niedrige Verbrauchswerte.

Die Leistung. Drei wassergekühlte 4-Zylinder-Motoren stehen zur Wahl. Der Audi 100 L ist mit einem 1,6-Liter-/85-PS-Motor ausgerüstet. Den Audi 100 LS gibt es mit 1,6-Liter-/85-PS-Motor oder mit 1,8-Liter-/100-PS-Motor. Der Audi 100 GL hat den starken 1,9-Liter-/112-PS-Motor.

Die Audi 100-Motoren sind leistungsstark, laufruhig und robust.

Alle Audi 100-Motoren entwickeln bereits ab 2.000 U/min eine starke Durchzugskraft, die schnell ansteigt und auch bei zunehmender Drehzahl lange stabil bleibt. Zusammen mit dem niedrigen Leistungsgewicht bedeutet das: Starke Beschleunigungskraft in allen Situationen und Fahren mit wenigen Schaltvorgängen.

Die günstigen Beschleunigungswerte des Audi 100 GL/112 PS.

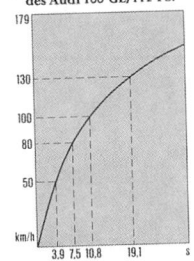

Der Audi 100 mit 85-PS-Motor beschleunigt von 0-80 km/h in 8,9 sec und 0-100 km/h in 13,5 sec. Der Audi 100 mit 100 PS erreicht 80 km/h nach 8,0 sec und beschleunigt von 0-100 km/h in 11,9 sec.

Die niedrigen Leistungsgewichte des Audi 100.

Leistungsgewicht bei Leergewicht und DIN-PS in kg/PS:

Audi 100 L 85 PS	Audi 100 LS 100 PS	Audi 100 GL 112 PS
12,4 kg/PS	10,9 kg/PS	9,8 kg/PS

Die Audi 100-Motoren sind sehr robust, verschleißarm und langlebig. Durch eine fünffach gelagerte Kurbelwelle haben sie eine besonders hohe Laufruhe. Die Wartung ist problemlos leicht. Mit der Audi-Computer-Diagnose können schnell und wirtschaftlich bis zu 70 Funktionen überprüft werden. Der Wartungsdienst ist nur einmal jährlich oder alle 15.000 Kilometer erforderlich. Der Ölwechsel nur zweimal jährlich oder alle 7.500 Kilometer.

Der Verbrauch. Die Audi 100-Modelle erzielen ihre guten Leistungswerte bei einem erstaunlich niedrigen Benzinverbrauch. Diese besondere Wirtschaftlichkeit wurde durch die hervorragende Abstimmung von Karosseriegestaltung, Motoreigenschaften und Leistungsgewicht erreicht. Die Karosserie ist aerodynamisch gestaltet, die Motoren haben eine günstige Brennraumform, eine gute Gemischführung und sorgfältig angepaßte Vergaser. Und das Leistungsgewicht wurde niedrig gehalten. Dazu kommt ein Doppel-Vorwärmsystem für das Kraftstoff-Luftgemisch. Es reduziert den Verbrauch beim unterkühlten Fahren im Kurzstreckenverkehr. Eine doppelt gesteuerte Startautomatik sorgt für Sparsamkeit bei Kaltstart und Kaltlauf des Motors.

Die niedrigen Verbrauchswerte des Audi 100 GL.

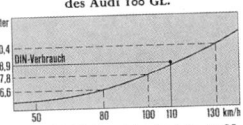

Der DIN-Verbrauch beträgt beim 85-PS-Modell 8,9 Liter Normalbenzin. Beim 100-PS-Modell 8,9 Liter Superbenzin und beim 112-PS-Modell ebenfalls 8,9 Liter Superbenzin auf 100 Kilometer. Diese niedrigen Werte können sogar erheblich unterschritten werden (Teillastverbrauch unter günstigen Bedingungen in der Ebene bei gleichbleibend 80 bzw. 100 km/h).

Liter/100 km bei	80 km/h	100 km/h
Audi 100/85 PS	6,8 l	8,0 l Normal
Audi 100/100 PS	6,9 l	7,8 l Super
Audi 100/112 PS	6,6 l	7,8 l Super

Der Antrieb. Das Fahrwerk.

Der Frontantrieb macht das Fahren im Audi 100 sehr sicher. Das ausgewogene Fahrwerk bietet hohen Fahrkomfort auch auf langen Strecken. Die Lenkung ist exakt und leichtgängig.

Der Frontantrieb. Der Frontantrieb gibt dem Audi 100 überlegene Fahreigenschaften. Vor allem in Kurven, bei Regen und Glätte. Motor, Getriebe und Differential sind zu einem Block zusammengefaßt, der mit seinem Gewicht nahe den angetriebenen Vorderrädern liegt. Dadurch rückt der Schwerpunkt des Wagens ins vordere Drittel. Das verleiht dem Audi 100 ein überzeugendes Fahrverhalten auch bei Seitenwind.

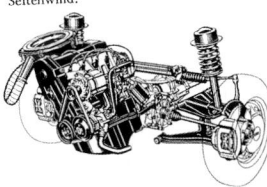

Der Antrieb erfolgt auf die Vorderräder. Sie sind einzeln aufgehängt und garantieren beim Fahren und Bremsen hervorragende Spurtreue und Kurvenstabilität. Motor, Getriebe und Differential sind zu einem kompakten Front-Triebwerk zusammengefaßt.

Federung und Radaufhängung. Der Audi 100 hat ein hervorragend ausgewogenes Fahrwerk, das speziell für komfortables, ermüdungsfreies Reisen konstruiert wurde. Die Federbeine vorn und hinten haben lange Federwege und dämpfen sehr gut auch die Stöße schlechter Straßen. Trotzdem ist die Federung so abgestimmt, daß der zum sicheren Fahren notwendige Straßenkontakt nicht verlorengeht. Stabilisatoren verhindern, daß sich der Audi 100 in Kurven seitlich unangenehm neigt. Die Radführung erfolgt vorn durch Doppelquerlenker und hinten durch die spezielle Audi-Torsionskurbelachse mit zusätzlichem Panhardstab. Das sorgt für Spur- und Sturzkonstanz und macht die Straßenlage des Wagens sehr sicher.

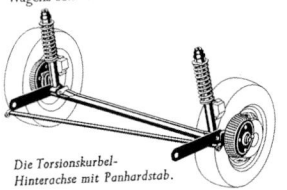

Die Torsionskurbel-Hinterachse mit Panhardstab.

Die großen 14-Zoll-Gürtelreifen verstärken wirkungsvoll die Leistungen des Fahrwerks.

Die Lenkung. Die Zahnstangenlenkung des Audi 100 ist sehr komfortabel. Sie ist leichtgängig und reagiert exakt, sofort ansprechend. Trotzdem wirkt sie noch so indirekt, daß der Wagen bei spontanen Lenkrad-Bewegungen kaum verrissen werden kann. Für den vollen Radeinschlag braucht man nur wenige Lenkradumdrehungen. Das wirkt sich besonders günstig in Kurven und beim Einparken aus.

Die Lenkung ist auch sehr sicher. Es ist eine Sicherheits-Lenkung, deren Lenkgetriebe stoßgeschützt hinter dem Antriebsaggregat und der Vorderachse liegt. Die Lenksäule hat ein Ausklink-Element. Dadurch gibt sie bei einem Aufprall nach und dringt nicht in den Fahrgastraum ein.

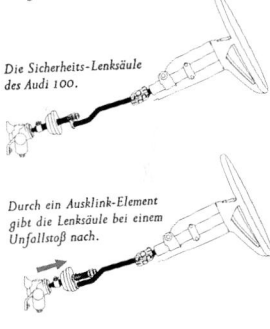

Die Sicherheits-Lenksäule des Audi 100.

Durch ein Ausklink-Element gibt die Lenksäule bei einem Unfallstoß nach.

Den Audi 100 gab es in drei Leistungsstufen, mit 85 PS (L), mit 100 PS (LS) und mit 112 PS (GL).

Der Audi 100 GL wies das gleiche Fahrwerk und die gleichen Sicherheitsmerkmale wie die anderen Audi-100-Modelle auf.

Das Bremssystem.

In extremen Bremssituationen zeigen sich die Vorteile des überlegenen Audi 100-Bremssystems. Es verhindert weitgehend Schiefziehen, Schleudern und Ausbrechen.

Das Lenkstabile Bremssystem. Das Lenkstabile Bremssystem des Audi 100 hat als Grundlage den Negativen Lenkrollradius an der Vorderachse und eine Diagonal-Zweikreis Bremsanlage. Es hält den Wagen beim Bremsen schnurgerade auf der Straße, selbst wenn Sie mit beiden Rädern einer Seite auf glatten Untergrund, wie Glatteis, Öl und Sand, geraten, auch beim Fahren. Er hält den Wagen spurgenau gerade, wenn Sie zum Beispiel beim Überholen auf der Autobahn nach links auf den Mittelstreifen gedrängt werden, auf der Landstraße in ein weiches Bankett geraten oder ein Vorderreifen schlagartig die Luft verliert. Der Negative Lenkrollradius hält das rollbehinderte Vorderrad automatisch in der Fahrtrichtung und verhindert, daß der Wagen ausbricht.

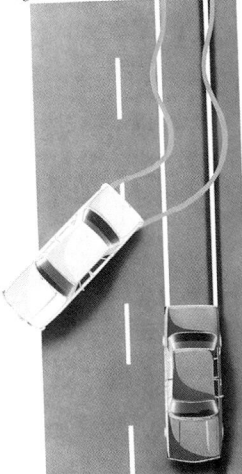

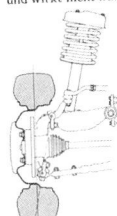

Das Diagonal-Zweikreis-Bremssystem. Die zwei Bremskreise des Audi 100 sind über Kreuz diagonal angeordnet. Dadurch wird bei Ausfall eines Kreises je ein

Das Diagonal-Zweikreis-Bremssystem.

gegenüberliegendes Vorderrad und Hinterrad gebremst. Die Bremskraftverteilung zwischen vorn und hinten bleibt dabei unverändert erhalten. Die Bremswirkung beträgt 50% an jeder Achse.

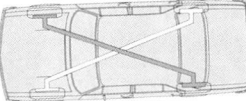

Ein Auto mit konventioneller Bremsanlage zieht beim Bremsen auf einseitig glatter Fahrbahn schief, kann dadurch schleudern und ausbrechen. Ein Wagen mit Lenkstabilem Bremssystem bleibt schnurgerade in der Spur.

Der Negative Lenkrollradius. Der Negative Lenkrollradius ist die spezielle Audi-Konstruktion der Vorderradführung und wirkt nicht nur beim Bremsen, sondern

Die Audi 100-Vorderachse mit Negativem Lenkrollradius. Die Lenkachse (gestrichelte Linie) endet hier nicht wie bei anderen Vorderradaufhängungen vor (positiver Lenkrollradius) oder in der Radmittelebene (Lenkrollradius null), sondern außerhalb der Radmittelebene (Negativer Lenkrollradius).

Die großen Schwimmsattel-Scheibenbremsen vorn.

Die Hinterrad-Trommelbremsen haben zur Wärmeabführung spezielle Luft-Kühlrippen.

Ab September 1974 bekamen alle Audis Diagonal-Zweikreisbremsen mit Servohilfe. Vordere Scheibenbremsen hatten sie alle.

Der Innenraum. Die Armaturen.

Der Innenraum des Audi 100 ist komfortabel und sehr gut ausgestattet. Die blendfreien Armaturen sind übersichtlich und schön gestaltet. Der Gepäckraum faßt 650 Liter.

Der Innenraum. Der Audi 100 bietet fünf Personen viel Platz und Komfort. Die Sitze sind körpergerecht geformt und in der Federung gut abgestimmt. Die besonders hohen Rückenlehnen haben eine starke Seitenführung und geben Halt bei Kurvenfahrten. Die Lehnen der Vordersitze lassen sich bis zur Liegesitzposition verstellen. Weitere komfortable Details: Armlehnen an den Türen, drei Aschenbecher, drei Haltegriffe, beleuchtetes Ablagefach, weitere Ablagen, Teppichbelag.

Der Audi 100 hat die fortschrittliche Vielstrahl-Ventilationsanlage, mit der man ca. alle 15 Sekunden die gesamte Luft im Fahrgastraum austauschen kann. Mit der zusätzlichen Breitband-Ventilation kann man Frischluft breit durch den ganzen Innenraum leiten.

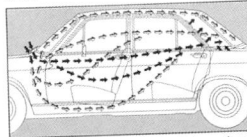

Für immer klare Sicht nach hinten sorgt bei allen Audi 100-Modellen eine serienmäßige, beheizbare Heckscheibe.

Die Fahrgastkabine des Audi 100 ist extrem stabil, verformungssteif gebaut. Bei einem starken Aufprall geben die Knautschzonen vorn und hinten nach. Sie sind computerberechnet und absorbieren einen großen Teil der Aufprall-Energie.

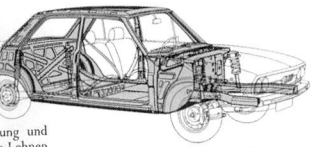

Die Sicherheits-Karosserie.

Zur Sicherheits-Innenausstattung des Audi 100 gehören: Verformbare Armaturentafel. Abgedeckte Schalter und Instrumente. Sicherheits-Innenspiegel. Flexible Armlehnen und Fensterkurbeln. Sicherheits-Türinnengriffe.

Die Armaturen. Alle wichtigen Funktionen können mit zwei Bedienungshebeln von der Lenksäule aus in Gang gesetzt werden: Alle Lichtsignale, die Scheibenwischer mit zwei Wischergeschwindigkeiten, Tippwischkontakt, Intervallschaltung und Wasch-Wisch-Automatik.

Die großen Rundinstrumente sind blendfrei und übersichtlich. Der Audi 100 GL hat zu den serienmäßigen Instrumenten einen großen Drehzahlmesser und eine Mittelkonsole für die erweiterte Instrumentierung.

Die Funktion der Vielstrahl-Ventilationsanlage. Schwarz: Kaltluft. Weiß: Warmluft.

Die Armaturentafel ist reichhaltig instrumentiert.

Der Gepäckraum. Der Audi 100 hat einen geräumigen Reise-Gepäckraum. Er faßt 650 Liter. Im Gepäckraum befinden sich zusätzlich zwei Behälter für Werkzeug und Reservekanister.

Der Reise-Gepäckraum des Audi 100.

Aus einem Prospekt für den Audi 100 GL. Einen Drehzahlmesser hatte dieses Modell serienmäßig.

Audi 100 GL 1971 - 76

Audi 100 GL beim Kundendienst. Dem Fahrzeug entsteigt einer der seinerzeitigen Mitarbeiter der Zeitschrift »copilot«

Audi 80 1972 - 78

Audi 80 der zweiten Generation, eingeführt im Juli 1972. Zunächst gab es den Wagen nur zweitürig, ab März 1973 auch viertürig.

Audi 80 GT.
Gran Turismo in der neuen Leistungsklasse.

Audi 80 1972 - 78

Audi 80 GT.
Dieser Wagen ist besonders schnell.
Und besonders sicher.

Mit seinem äußerst spurtfreudigen 100-PS-Triebwerk, mit seinem günstigen Leistungsgewicht, mit seiner abgerundeten Ausstattung, mit seinem umfangreichen Sicherheitszubehör stößt der Audi 80 GT vor in die Klasse sehr schneller, sehr sicherer, sehr komfortabler Reiselimousinen.
Den Audi 80 GT gibt es zweitürig in Monzagelb, mit schwarzen Rallyestreifen an den Längsschwellern, mit schwarzen Seitenzierstreifen und schwarzer Heckblende.
Ein Wagen, der sicherheitsbewußten Autofahrern ein Maximum an Sportlichkeit bietet.

Schnell und sicher: die überzeugenden Argumente für den neuen Audi 80 GT.

Audi 80 1972 - 78

Leistung 1: Der neue 100-PS-Motor.
Das leistungsstarke Sport-Triebwerk: 100 PS. Für Dauerspitze 175.

Dieser Motor ist für hohe Belastung konstruiert.
Ein wassergekühltes Vierzylinder-Triebwerk mit fünffach gelagerter Kurbelwelle, das seine hervorragenden Eigenschaften in jedem Moment unter Beweis stellt: Der Audi 80 GT braucht von 0 auf 100 10,2 Sekunden. Von 80 auf 120 8,5 Sekunden. Höchstgeschwindigkeit: 175 km/h.

Seine volle 100-PS-Leistung erreicht der GT-Motor bei 6000 Umdrehungen pro Minute. Sein Drehmoment ist überragend: 13,4 mkp bei 4000 U/min.

Das sportlich-temperamentvolle Triebwerk überrascht durch sparsamen Verbrauch: 8,6 l Super auf 100 km (nach DIN 70030). Es besticht durch ruhigen, kultivierten Lauf in allen Drehzahlbereichen.

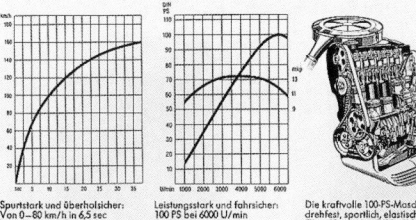

Spurtstark und überholsicher:
Von 0–80 km/h in 6,5 sec
Von 0–100 km/h in 10,2 sec
Von 0–120 km/h in 15,2 sec

Leistungsstark und fahrsicher:
100 PS bei 6000 U/min
Drehmoment 13,4 mkp bei 4000 U/min

Die kraftvolle 100-PS-Maschine:
drehfest, sportlich, elastisch.
Über 13 mkp bei 2600–5100 U/min.

Ein Zahnriemen treibt die obenliegende Nockenwelle. Die Ventile werden direkt über Tassenstößel betätigt, ohne Kipphebel. Die so erreichten geringeren Massenkräfte bedeuten: Drehfestigkeit, weniger Geräusche, weniger Verschleiß.

Dadurch ist diese Konstruktion besonders wartungsarm: Diagnose-Wartung nur einmal jährlich, mindestens alle 15.000 Kilometer.

Der Motor ist zukunftsicher auf die Abgasbestimmungen ausgerichtet. Ein Fallstrom-Registervergaser mit Umluftkanal und das speziell geformte, wasserbeheizte Saugrohr lösen Abgasprobleme vorbildlich.

Durch das Audi-Brennverfahren wird das Kraftstoff-Luftgemisch besonders intensiv verwirbelt: Jeder Tropfen Benzin wird voll genutzt. Für diesen robusten Motor sind auch bleiarme Kraftstoffe kein Problem.

Der starke 14-V-/770-W-Drehstrom-Generator lädt schon im Leerlauf. Die Zentralelektrik ist übersichtlich und leicht zugänglich im Motorraum unter einer durchsichtigen Kunststoffhaube installiert.

Der Motorblock ist auf einem Fahrschemel elastisch gelagert und doppelt vom Innenraum isoliert. Das Ergebnis: Ein besonders niedriger Geräuschpegel im Fahrgastraum.

Man erhielt den Audi 80 wahlweise mit 55, 75, 85 oder 100 PS. Das GT-Modell war natürlich das am stärksten motorisierte.

Audi 80 1972 - 78

...istung 2: Die exklusive GT-Ausstattung.

Das großzügige Cockpit.
Das sportliche Lenkrad.
Die griffige Knüppelschaltung.

Sportlich präsentiert sich das Audi 80 GT-Cockpit: Auf dem Armaturenpult sind alle Kontrollinstrumente übersichtlich zusammengefaßt: Rechts der große Drehzahlmesser mit allen Kontrolleuchten. Links der Tachometer mit Tageskilometerzähler. Dazwischen die kombinierte Anzeige für Tank und Kühlwassertemperatur.

Das Lochspeichen-Lenkrad liegt griffig-sicher in den Händen des Fahrers.
Links an der Lenksäule: der Kombihebel für Blinker, Lichthupe, Fernlicht und Parkleuchten.
Rechts vom Lenkrad: das Zündschloß mit Anlaß-Wiederholsperre, der Kombihebel für Scheibenwischer/Scheibenwaschen mit zwei Stufen und Intervallschaltung, der leicht bedienbare Drehknopf und die Hebel für Heizung und Lüftung.

Griffgünstig liegt auch der Tastenschalter für die Rundum-Warnblinkanlage.
Alle Bedienungshebel sind sicher in die oben und unten gepolsterte Armaturentafel eingelassen.

Die hochgezogene Mittelkonsole mit der extrem genauen Quarzuhr und der Einbaunische für das Radio unterstreicht die besondere sportliche Note des Audi 80 GT.

Das vollsynchronisierte Vierganggetriebe dieses sportlichen Wagens wird schnell und exakt über den kurzen, griffigen Mittelschalthebel betätigt.
Der Audi 80 GT hat serienmäßig Dreipunkt-Automatik-Sicherheitsgurte: Der Fahrer kann daher auch angeschnallt alle Armaturen bequem erreichen und betätigen.

Der Audi 80 GT kostete bei seiner Einführung 11.420 Mark und bot eine mehr als üppige Ausstattung.

Audi 80 1972 - 78

Leistung 3: Die neue Sicherheit.
Überlegen-sicheres Frontantrieb-Fahrwerk. Lenkstabiles Bremssystem. Extrem stabiler Fahrgastraum. Kopfstützen. Dreipunkt-Automatik-Sicherheitsgurte. Breite Stahlgürtelreife 175/70 SR 13.

Frontantrieb gibt dem Audi 80 GT hervorragende Kurvenstabilität und überlegene Fahreigenschaften. Auch in unerwarteten Situationen läßt sich der Wagen sicher unter Kontrolle halten. Der vornliegende Schwerpunkt macht den Audi 80 GT unempfindlich gegen Seitenwind.

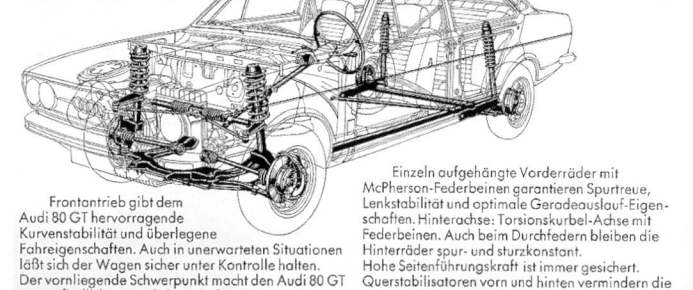

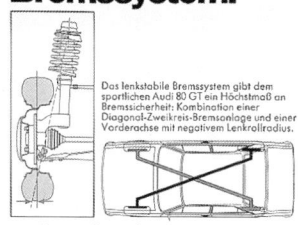

Einzeln aufgehängte Vorderräder mit McPherson-Federbeinen garantieren Spurtreue, Lenkstabilität und optimale Geradeauslauf-Eigenschaften. Hinterachse: Torsionskurbel-Achse mit Federbeinen. Auch beim Durchfedern bleiben die Hinterräder spur- und sturzkonstant. Hohe Seitenführungskraft ist immer gesichert. Querstabilisatoren vorn und hinten vermindern die Kurvenneigung und sichern neutrales Fahrverhalten.

Das lenkstabile Bremssystem gibt dem sportlichen Audi 80 GT ein Höchstmaß an Bremssicherheit: Kombination einer Diagonal-Zweikreis-Bremsanlage und einer Vorderachse mit negativem Lenkrollradius.

Ein grundlegender Fortschritt im Automobilbau: Das lenkstabile Bremssystem bietet auch in kritischen Situationen noch mehr aktive Sicherheit. Die Gefahr, daß der Wagen beim Bremsen ausbricht, schief zieht oder ins Schleudern kommt, wird durch das lenkstabile Bremssystem weitestgehend vermieden.

Der extrem stabile Fahrgastraum, die elektronisch berechneten Knautschzonen, die Kopfstützen, die Dreipunkt-Automatik-Sicherheitsgurte für die vorderen Sitze, die sichere Frontantrieb-Technik für überragende Fahreigenschaften: Sportlichkeit braucht Sicherheit.

Alle Argumente des Audi 100 trafen auch für den neuen Audi 80 zu. Die Werbung verstand sie geschickt und überzeugend darzustellen.

Audi 80 1972 - 78

Leistung 4: Der neue Innenraum.

**Der Fahrkomfort für fünf.
Sitze mit profilierter
Seitenführung.
Der 450-Liter-Kofferraum.**

Die Audi 80 GT-Sitze sind anatomisch richtig geformt und bieten durch ihre gut profilierte Seitenführung sicheren Halt in Kurven. Sie sind mit wertvollen Stoffen im sportlichen Rallye-Muster bezogen. Rückenlehnen mit ausgeprägter Stützwirkung schützen vor Ermüdung.

Die Vordersitze lassen sich mit leichtem Handgriff bis zur Ruhelage verstellen. Der Fußraum ist mit strapazierfähigem Teppich ausgelegt.
Der Audi 80 GT: innen geräumig und komfortabel, außen kompakt und stadtgerecht. Ungewöhnlich für einen sportlichen Wagen ist die Größe des Kofferraums: 450 Liter. Da paßt das große Reisegepäck der ganzen Familie hinein.
Es fährt sich gut, im Sommer wie im Winter: Frischluft strömt aus der staub- und abgasarmen Zone unmittelbar unter der Windschutzscheibe durch ein regulierbares Verteilersystem geräuschlos und zugfrei in den Fahrgastraum. Verrauchte, verbrauchte Luft wird durch 15 Entlüftungsschlitze hinter den Rücksitzen ins Freie geleitet.
Die intensiv wirksame Frischluft-Warmwasserheizung bewirkt auch im kalten Winter schnelle Erwärmung und angenehme Dauertemperatur. Richtstrahldüsen leiten den Luftstrom auf Windschutzscheibe und Seitenscheiben und sorgen für schnelle Entfrostung.

Sachlich, schick, komfortabel: Das Interieur des Audi 80.

Audi 80 1972 - 78

Der negative Lenkrollradius des Audi 80.

Der Audi 80 hat eine Vorderachse mit negativem Lenkrollradius. Durch diese Umkehrung des Rollradius ins Negative wird bei einseitiger Bremswirkung (z. B. nur linkes Vorderrad gebremst) auch ein Radeinschlag in umgekehrter Richtung bewirkt.

Die Bremskraft B dreht das Rad um den Punkt L zur nicht gebremsten Seite hin ein, d. h. nach rechts. Hierbei werden auch Seitenführungskräfte S erzeugt, die zur nicht gebremsten Seite hin gerichtet sind. Diese Seitenführungskräfte sind also beim Audi 80 – bezogen auf den Schwerpunkt Sp – in ihrer Drehrichtung entgegengesetzt gerichtet wie die Bremskraft B; sie heben sich in ihrer Wirkung nahezu auf, d. h. das Fahrzeug dreht nicht mehr.

Hierbei spielt der noch folgende Vorgang eine ganz wesentliche und im ersten Moment verblüffende Rolle: Die Selbststabilisierung der Lenkung. Im Gegensatz zu konventionellen Vorderachsen, bei denen die Räder bei einseitiger Bremskraft und nicht festgehaltenem Lenkrad bis zum Anschlag einschlagen, stellt sich beim Audi 80 in der gleichen Situation nach 1 bis 2 s Bremszeit ein stabiler Radeinschlag von 1 bis 2° zur nicht gebremsten Seite hin ein. Der Fahrer hat dabei nichts zu tun.

Diese Selbststabilisierung wird dadurch erreicht, daß die Gesamtkraft R, die sich aus der Bremskraft B und der Seitenführungskraft S am linken Vorderrad bildet, das Rad nur so lange einschlägt, bis ihr Hebelarm c zur Lenkachse Null wird. Dann wird keine Drehwirkung mehr auf das Rad ausgeübt, es bleibt stabil stehen.

Bei richtiger Auslegung des negativen Lenkrollradius wird dieser stabile Radeinschlag dann erreicht, wenn die am Fahrzeug angreifenden Kräfte keine Drehwirkung auf das Fahrzeug mehr ausüben. Das heißt, der Fahrer könnte sogar bei einem solchen einseitigen Bremsvorgang die Lenkung loslassen – der Audi 80 würde stabil die Spur halten, ohne zu drehen.

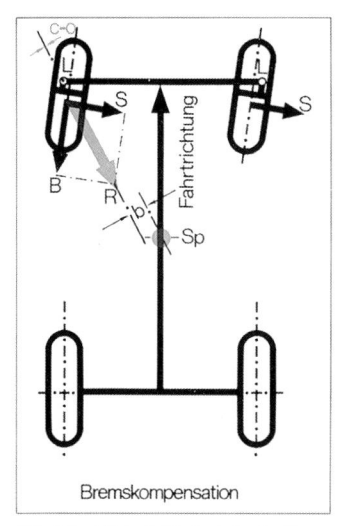

Abb. 5: So sieht der Kräfteplan beim einseitigen Bremsen aus, wenn das Fahrzeug negativen Lenkrollradius an der Vorderachse hat.

Im Februar 1973 veröffentlichte Broschüre, die den Slogan »Vorsprung durch Technik« trug.

Der von Audi so oft benutzte Terminus vom negativen Lenkrollradius wird hier bis in alle Einzelheiten erläutert.

Audi 80 1972 - 78

*Redaktionelle Ver-
öffentlichungen mit
Testberichten vom
Audi 80 von 1973.
Die Experten
waren des Lobes
voll und vergaben
durchweg beste
Noten...*

Audi 80 1972 - 78

Diese Gepäckstücke gingen tatsächlich in den Kofferraum des Audi 80: ein wahres Raumwunder.

1973er Audi 80 GT, veröffentlicht als Illustration im Geschäftsbericht der Audi NSU Auto Union AG.

Audi 80 1972 - 78

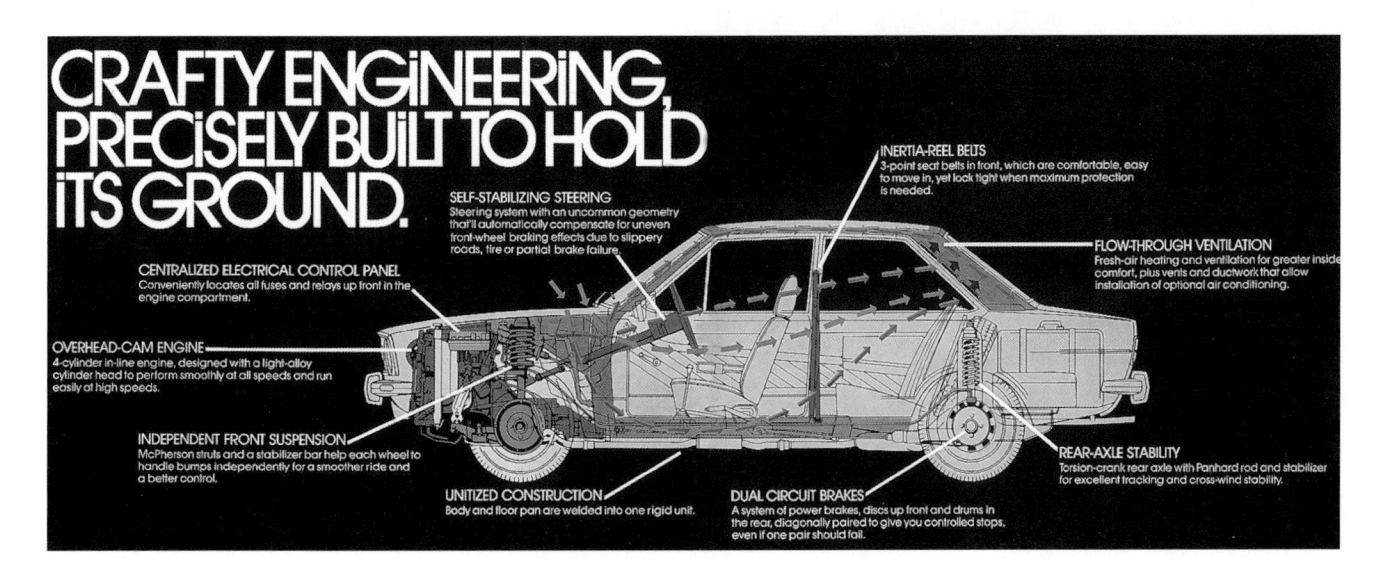

In den USA gab man dem Audi 80 den Beinamen »Fox«.

Audi 80 1972 - 78

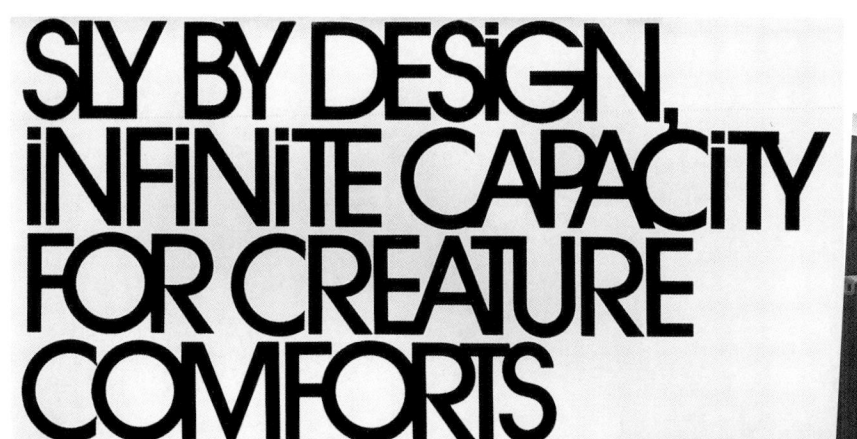

SLY BY DESIGN, INFINITE CAPACITY FOR CREATURE COMFORTS

Creatures like their comforts, and our Fox can make you comfortable. Stretch out, like you'd expect to in a comfortable sedan. Relax in individual reclining front seats. They're covered in a brushed velour. And there are armrests in both front and back. Take along big or little extras in our roomy 15.5 cu. ft. trunk.

Our Fox is tame to the touch. The padded dash is equipped with easy-to-read instruments. Plus turn signals, headlight dimmer switch and automatic windshield washer/wiper control on the steering column.

Other standard features include a flow-through fresh-air heating and ventilation system. A rear-window defogger. Plush carpeting. Electric clock. Front and rear ashtrays. And lots, lots more. So if you want comfort as well as style, put yourself into a Fox. We think it'll fit you well.

Ein völlig anderer Werbestil als in Europa kennzeichnet diesen US-Prospekt. Audi und Porsche wurden drüben von einer gemeinsamen Vertriebsorganisation betreut.

Audi 80 1972 - 78

This is what the Audi is all about.

We're more than just a car. We're one of the finest collections of cars in the world.

Our steering system, for example, is the same type as the racing Ferrari's. Simple, direct, astoundingly responsive.

We've got an interior that bears an uncanny resemblance to the Mercedes-Benz 280SE's. From the plush carpeting and the seats designed by orthopedic surgeons to the remarkably efficient ventilating and heating system, you can hardly tell one car from the other.

Our ignition system is the same as the Porsche 911's. Which means the same steadfast reliability. So you get quick starts.

Then there's our headroom and legroom which is just about the same as the Rolls-Royce Silver Shadow's.

And our trunk space which is the same as the Lincoln Continental Mark IV's.

We've got an independent front suspension system like the Aston Martin. To give you peace of mind as well as peace of body.

And front-wheel drive like the Cadillac Eldorado. To get you to where you want to go even when the going gets snowy.

And as for our service, we've got the same kind of finicky mechanics and the same easy availability of parts that Volkswagen is known for.

Mind you, the Audi you drive today wasn't born today. As a matter of fact, we've been around since 1904. (Believe it or not, that's before the Model T was born.)

Over the years, we've not only built automobiles that were way ahead of their time (our front-wheel drive '33 Audi is a good case in point), but also racing gems that ran off with a grand total of 18 Grand Prix.

With all these years of experience under our belt, with the incredible craftsmanship and impeccable engineering, with the painstaking attitude of constantly trying to improve, it's no wonder that the Audi has become one of the most extraordinary cars in the world.

Anything less wouldn't be good enough for Audi.

The Audi
It's a lot of cars for the money.

Vergleichende Werbung, in Deutschland tabu, war seit jeher in den USA gang und gäbe. Dieses Inserat erschien 1973 im »Playboy«.

Audi 80 1972 - 78

aktuelle umschau
AUDI NSU

Die Abt-Rakete
Münchener Rennwagen-Ausstellung

Tuning Liste für Audi 80-Modelle

ABT TUNING

Auto-Abt OHG · 8960 Kempten/Allgäu
Postfach 1204 · Telefon: (0831) 9255

zur
AUDI-TROPHÄE 1974

Ganz auf Rennsport getrimmt präsentiert die Kemptener Tuning-Firma Abt ihre neueste Schöpfung auf Audi 80-Basis.

In zunehmendem Maße war das Thema Motorsport (wie einst bei DKW) für Audi interessant. Die Kemptener Firma Auto-Abt engagierte sich hier besonders.

Was da kraftstrotzend und tiefgeduckt auf dem Stand der Firma Abt OHG in der Münchener Olympia-Halle zu besichtigen war, ist das neueste Produkt der Kemptener Tuning-Firma. Basis war ein 1,5-Liter-Audi 80-Modell, dessen Motor in dieser Rennversion auf über 150 PS gebracht wurde, die dem 805 kg schweren Auto zu enormen Fahrleistungen verhelfen.

Auf die Frage, wie er zu einer solchen Leistungssteigerung kommt, hat der PS-Hexer aus Kempten nur ein Schmunzeln übrig; aber bei näherer Besichtigung läßt sich leicht feststellen, wieviel Schweiß und Feinarbeit dahinterstecken.

Mit dem ursprünglichen Audi 80-Motor hat die Rennversion nur das Gehäuse gemeinsam. Neben der

Audi 80 1972 - 78

1. Kein langes Suchen mehr. Der Diagnose-Computer findet jeden Fehler auf Anhieb.
Der AUDI NSU-Diagnose-Computer kontrolliert Ihren Wagen auf Herz und Nieren. Innerhalb kürzester Zeit überprüft er 88 wichtige Funktionen: Stimmt die Zündeinstellung? Der Säurestand der Batterie? Der Kompressionsdruck? Die Spur der Vorderräder?

Der AUDI NSU-Diagnose-Computer bringt Fehler ans Licht. Falls welche vorhanden sind. Damit sie schnell und kostengünstig behoben werden.

2. Der Computer beweist die Diagnose: schwarz auf weiß.
Objektiv und unbestechlich ermittelt der Computer den Zustand Ihres Fahrzeuges vor einer Wartung. Das Prüfergebnis des Computers ist Grundlage für die Wartungs-Arbeiten.

3. Keine Inspektions-Pauschale mehr.
Mit Einführung des AUDI NSU-Computer-Diagnose-Systems entfällt das bisher praktizierte Prinzip der Inspektions-Pauschale. In Zukunft werden alle erforderlichen Wartungs-Arbeiten aufgrund der Computer-Diagnose durchgeführt. Jeder Wagen erhält eine individuelle Wartung, den Umfang bestimmen Sie.

4. Der Diagnose-Computer sagt, was los ist. Sie entscheiden, was gemacht wird.
Der Diagnose-Computer arbeitet 100% zuverlässig – vor ihm kann sich kein Fehler verstecken. Der Diagnose-Computer arbeitet schnell – das bedeutet: nur kurzer Werkstatt-Aufenthalt Ihres Wagens. Der Diagnose-Computer arbeitet preiswert – er überläßt Ihnen die Entscheidung, welche von den notwendigen Arbeiten ausgeführt werden sollen.

5. Der Diagnose-Computer arbeitet für alle AUDI NSU-Modelle.
Alle Audi 80, alle Audi 100/74 und alle Ro 80/74 sind mit einer Steckdose für das AUDI NSU-Computer-Diagnose-System ausgerüstet. Aber auch alle Audi- und NSU-Modelle ab Baujahr 1968 können über ein spezielles Adapter-Kabel an den Diagnose-Computer angeschlossen werden.

6. Drei Computer-Diagnosen kostenlos.
Mit der Einführung des AUDI NSU-Computer-Diagnose-Systems wird jedem neuen Audi 80, Audi 100 und Ro 80 ein Diagnose-Paß in das Handschuhfach gelegt. Dieser Paß enthält vier Gutscheine. Drei davon berechtigen den Besitzer, je eine kostenlose AUDI NSU-Computer-Diagnose bei einem AUDI NSU-Händler durchführen zu lassen. Und zwar innerhalb von drei Jahren oder von 45 000 Kilometern.

Computer-Wartungsdiagnose: Bei VW und Audi-NSU der große Hit der siebziger Jahre.

Audi 50 1974 - 78

Klein, aber oho: Der im Spätsommer 1974 vorgestellte Audi 50 mit quer eingebautem Vierzylindermotor und nur 3,53 m Gesamtlänge.

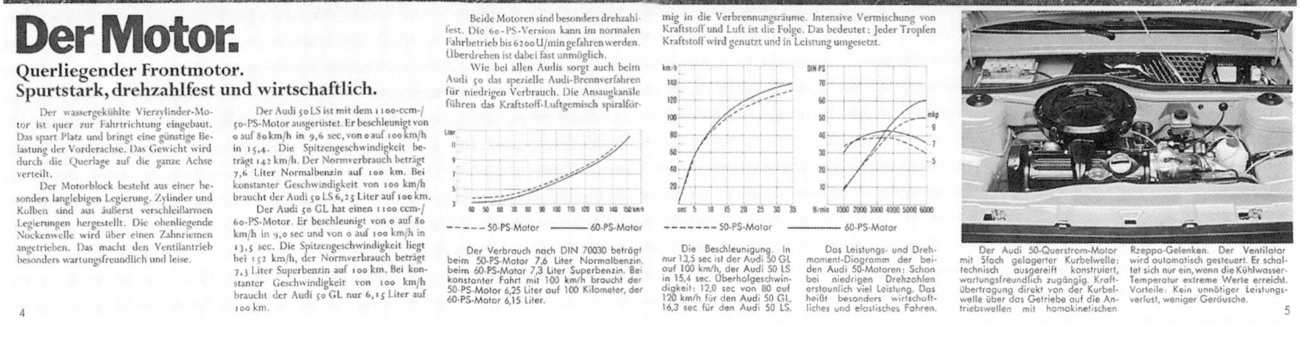

Der Neue: Audi 50.

Der Motor.
Querliegender Frontmotor.
Spurtstark, drehzahlfest und wirtschaftlich.

Der wassergekühlte Vierzylinder-Motor ist quer zur Fahrtrichtung eingebaut. Das spart Platz und bringt eine günstige Belastung der Vorderachse. Das Gewicht wird durch die Querlage auf die ganze Achse verteilt.

Der Motorblock besteht aus einer besonders langlebigen Legierung. Zylinder und Kolben sind aus äußerst verschleißarmen Legierungen hergestellt. Die obenliegende Nockenwelle wird über einen Zahnriemen angetrieben. Das macht den Ventiltrieb besonders wartungsfreundlich und leise.

Der Audi 50 LS ist mit dem 1100-ccm-/50-PS-Motor ausgerüstet. Er beschleunigt von 0 auf 80 km/h in 9,6 sec, von 0 auf 100 km/h in 15,4 sec. Die Spitzengeschwindigkeit beträgt 142 km/h. Der Normverbrauch beträgt 7,6 Liter Normalbenzin auf 100 km. Bei konstanter Geschwindigkeit von 100 km/h braucht der Audi 50 LS 6,25 Liter auf 100 km.

Der Audi 50 GL hat einen 1100 ccm-/60-PS-Motor. Er beschleunigt von 0 auf 80 km/h in 9,0 sec und von 0 auf 100 km/h in 13,5 sec. Die Spitzengeschwindigkeit liegt bei 152 km/h, der Normverbrauch beträgt 7,3 Liter Superbenzin auf 100 km. Bei konstanter Geschwindigkeit von 100 km/h braucht der Audi 50 GL nur 6,15 Liter auf 100 km.

Beide Motoren sind besonders drehzahlfest. Die 60-PS-Version kann im normalen Fahrbetrieb bis 6200 U/min gefahren werden. Überdrehen ist dabei fast unmöglich.

Der Verbrauch nach DIN 70030 beträgt beim 50-PS-Motor 7,6 Liter Normalbenzin, beim 60-PS-Motor 7,3 Liter Superbenzin. Bei konstanter Fahrt mit 100 km/h braucht der 50-PS-Motor 6,25 Liter auf 100 Kilometer, der 60-PS-Motor 6,15 Liter.

Die Beschleunigung. In nur 13,5 sec ist der Audi 50 GL auf 100 km/h, der Audi 50 LS in 15,4 sec. Überholgeschwindigkeit: 12,0 sec von 80 auf 120 km/h für den Audi 50 GL, 16,3 sec für den Audi 50 LS.

Wie bei allen Audis sorgt beim Audi 50 das spezielle Audi-Brennverfahren für niedrigen Verbrauch. Die Ansaugkanäle führen das Kraftstoff-Luftgemisch spiralförmig in die Verbrennungsräume. Intensive Vermischung von Kraftstoff und Luft ist die Folge. Das bedeutet: Jeder Tropfen Kraftstoff wird genutzt und in Leistung umgesetzt.

Das Leistungs- und Drehmoment-Diagramm der beiden Audi 50-Motoren: Schon bei niedrigen Drehzahlen erstaunlich viel Leistung. Das heißt besonders wirtschaftliches und elastisches Fahren.

Der Audi 50-Querstrom-Motor mit 3fach gelagerter Kurbelwelle; technisch ausgereift konstruiert, wartungsfreundlich zugänglich. Kraftübertragung direkt von der Kurbelwelle auf das Getriebe und die Antriebswellen mit homokinetischen Rzeppa-Gelenken. Der Ventilator wird automatisch gesteuert. Er schaltet sich nur ein, wenn die Kühlwasser-Temperatur extreme Werte erreicht. Vorteile: Kein unnötiger Leistungsverlust, weniger Geräusche.

Mit dem Audi 50 sprach man einen ganz neuen Kundenkreis an. Vor allem hatte man es auf Käfer-Umsteiger und die letzten Besitzer eines DKW F12 abgesehen.

Audi 50 1974 - 78

Das Frontantrieb-Fahrwerk.
Für hervorragende Kurvenstabilität und sicheres Fahren.

Der Audi 50 läßt sich immer sicher fahren. Auch auf schlechten Straßen und bei ungünstigem Wetter, bei Regen, Schneematsch und Seitenwind. Man hat ihn auch in extremen Situationen unter Kontrolle. Das ausgewogene Audi-Frontantrieb-Fahrwerk bringt Spurtreue und Unempfindlichkeit in den meisten Fahrsituationen.

Der Schwerpunkt des Audi 50 liegt weit vorn. Auch das bedeutet Unempfindlichkeit gegen Seitenwind. Der über der Vorderachse angeordnete querliegende Motor belastet die Antriebsräder: Das garantiert hervorragende Starteigenschaften auch bei Schneeglätte am Berg.

Der Motor liegt weit vorn. Fast das ganze Auto steht als nutzbarer Raum zur Verfügung.

Einzeln aufgehängte Vorderräder mit Querlenkern und Federbeinen garantieren Spurtreue, Stabilität und hervorragende Geradeauslauf-Eigenschaften und sichern neutrales Fahrverhalten.
Eine besondere technische Feinheit: Die Audi 50-Vorderachse wurde so konstruiert, daß sie eine leichte, präzise Reaktion der Federung gewährleistet. Die Federbeine sind so nach hinten versetzt angeordnet, daß bei scharfem Anfahren wie auch beim Bremsen die Federbeine nicht oder nur minimal nachgeben. Die Federung spricht immer sofort an, die Räder halten immer Bodenkontakt. Da gibt es kein Trampeln und kein seitliches Versetzen.

Auch die Hinterachse des Audi 50 ist eine Neukonstruktion. Diese sogenannte Koppellenker-Achse verbindet die Vorteile der Schräglenker-Achse (gute Kurvenlauf-Eigenschaften) mit denen der Längslenker-Achse (gute Geradeauslauf-Eigenschaften).

Die Lenkung ist auf den Frontantrieb abgestimmt: Eine leichtgängige Zahnstangen-Lenkung, die stoßfrei und präzise funktioniert. Sie ist progressiv. Der Lenkradeinschlag wird in Kurven direkter auf die Räder übertragen als auf geraden Strecken. Je enger die Kurve, um so direkter und besser die Übersetzung.

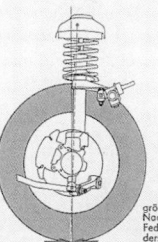

Der Nachlaufversatz. Nur wenige, meist größere Wagen haben eine Vorderachse mit Nachlaufversatz. Vorteile: Hervorragende Federung, leichtgängige Lenkung und besonders gute Kurveneigenschaften.

Die Konzeption und die Technik des Audi 50 überzeugten. Audi hätte dieses Modell vermutlich noch in sehr viel höherer Stückzahl verkaufen können, wäre es nicht auch als VW Polo auf den Markt gekommen.

Audi 50 1974 - 78

Händler-Information über den Audi 50, herausgegeben im September 1974 bei der Markteinführung dieses Kleinwagens.

Audi 50 LS 1,1 l 50 PS 142 km/h *Höchst- und Dauergeschwindigkeit*

Audi 50 GL 1,1 l 60 PS 152 km/h *Höchst- und Dauergeschwindigkeit*

Beide Modelle: Fünfsitzer, zweitürig mit großer Heckklappe.

Zwei Modellversionen.

Mit den anerkannten Audi-Attributen:
Qualität, Leistung, Ausstattung.

Mit optimaler Raum-Konzeption:
Geringe Außenabmessungen.
Großer Innenraum.

Jetzt das komplette Audi-Programm:

Zu den Modellreihen Audi 100
und Audi 80
nun auch Audi 50.

GL

Audi 80 GTE 1975 - 78

Audi 80 GTE.
Die schnelle Reiselimousine mit der kraftvollen Leistung. 81 kW/110 PS in einem K-Jetronic-Motor bringen den Wagen auf 181 km/h. Eine reichhaltige Extra-Ausstattung in Technik und Komfort betont die Sportlichkeit dieses Automobils.

Audi 80.
Dieses kraftvolle Automobil ist eine der schönsten und wirtschaftlichsten Möglichkeiten, überlegen zu fahren. Der leistungsfähige Frontantrieb mit drehfreudigen Maschinen und ein komfortables, sicheres Fahrwerk ergeben das großartige Fahrerlebnis.
Im Innern des kraftvollen Automobils erleichtert die logische Anordnung von Armaturen die Bedienung. Alle Passagiere genießen das bequeme Platzangebot mit dem Komfort, der aus weiten Strecken behagliches Reisen macht.

Audi 80 GTE

Audi 80 GLS

Neues Flaggschiff: Audi 80 GTE, gebaut von 1975 bis 1978 mit einem 110 PS starken Einspritzmotor. Die sportliche Charakteristik des Audi hatte sich der einer Münchner Traditionsmarke angenähert...

Audi 80 2. Generation 1978 - 80

Im August 1978 erschien die zweite Generation des Audi 80, die in einer Vielzahl von Motorisierungs- Ausstattungsvarianten angeboten wurde.

Audi 80 2. Generation 1978 - 80

Der Audi 80. Die Test-Größe. In vielen Fachzeitschriften sind Testberichte über den Audi 80 erschienen. Die Autotester haben den Audi 80 mit Lob überhäuft. Und damit zur Test-Größe gemacht, von der man sagen kann, daß sich seine Konkurrenten daran messen müssen.

Wir haben die Vielzahl der Berichte zu einer Broschüre zusammengefaßt. Und glauben, daß die Argumente der Presse einen Umfang angenommen haben, der Sie zur Probefahrt veranlassen könnte. Sie erhalten diese Broschüre beim V.A.G Partner für Volkswagen und Audi. Broschüre und Beratung werden es Ihnen leichter machen, sich für das meistverkaufte Auto seiner Klasse zu entscheiden.

Gelassen fahren mit perfekter Technik.
6 Jahre Karosserie Garantie gegen Durchrostung.

Der Audi 80 GLS, ab 1978 gebaut, war mit 75 oder 85 PS zu bekommen, wahlweise auch mit Getriebeautomatik. Qualitätsbeweis: Sechs Jahre Garantie gegen Durchrostung!

Audi 100 2. Generation 1976 - 80

Vier oder fünf Zylinder? Der neue Audi 100 rivalisierte ganz offenkundig mit dem Mercedes-Benz, vor allem nach der Einführung eines leistungsstarken Diesels im Oktober 1978. Aus einem Katalog vom August 1979.

Mit dem Avant hatte Audi ab August 1977 eine Version in der 100er Modellreihe anzubieten, die in der Bauart eines Personenwagens zugleich die Vorzüge eines Kombiwagens aufwies. Das signifikante Schrägheck war in Form einer Heckklappe gehalten.

Audi 100 2. Generation 1976 - 80

Ideenreiche Konstruktion am Beispiel der Motoraufhängung

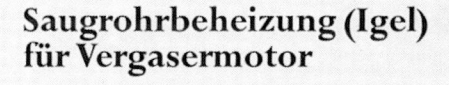

Die im Audi 100 verwendeten hydraulisch gedämpften Motorlager vereinigen die Wirkung eines Stoßdämpfers mit gezielter frequenzabhängiger Kennung und eines Auflagers in sich. Auf gewichtsgünstige Weise wird dadurch eine Übertragung der Motorschwingungen auf die Karosserie und in den Innenraum des Fahrzeugs verhindert.

Saugrohrbeheizung (Igel) für Vergasermotor

Umweltfreundlichkeit durch verbesserte Gemischaufbereitung: In das Saugrohr ragt ein Einsatz mit Stäben ein, die wie die Stacheln eines Igels angeordnet sind. Diese Stäbe werden beim Kaltstart elektrisch beheizt und sorgen für eine sofortige optimale Gemischaufbereitung. Die Kraftstoffanreicherung kann dadurch auf ein Minimum herabgesetzt werden. Der Kraftstoffverbrauch wird vermindert. Die Schadstoffbelastung der Umwelt wird verringert.

Vorsprung durch Technik: In dieser Broschüre von 1979 wurde erläutert, welcher Art die Audi-Vorsprünge waren.

Technische Daten

Technische Daten Audi Automobile 1965-1980

Modell	Audi /Audi L 72 PS	Audi 72 PS Variant	Audi 80 L	Audi 75 L
Bauzeit	1965-68; 1967-72	1966-68	1966-68	1968-72
Karosserie	Limousine	Kombi	Limousine und Kombi	Limousine
Motor	4 Zylinder Reihe	4 Zylinder Reihe	4 Zylinder Reihe	4 Zylinder Reihe
Bohrung x Hub mm	80 x 84,4	80 x 84,4	80 x 84,4	80 x 84,4
Hubraum ccm	1696	1696	1696	1696
Verdichtung	11,2 : 1	11,2 : 1	9,1 : 1	9,1 : 1
Leistung PS/min	72 / 5000	72 / 5000	80/ 5000	75/5000
Gemischaufbereitung	1 Solex Fallstrom	1 Solex Fallstrom	1 Solex Fallstrom	1 Solex Fallstrom
Getriebe	4V, 1R, Lenkradschltg.	4 V, 1 R Lenkradschltg.	4 V, 1 R Lenkradschltg.	4 V, 1 R Lenkradschltg.
Bereifung	6.45/165 - 13	6.45/165 - 13	6.45/165 - 13	6.45/165 - 13
Radstand mm	2490	2490	2490	2490
Spur vorn /hinten mm	1335 / 1326	1343 / 1326	1335 / 1326	1335 / 1326
Länge x Breite x Höhe mm	4380 x 1626 x 1451	4380 x 1626 x 1456	4380 x 1626 x 1451	4380 x 1626 x 1451
Leergewicht kg	980 (2-tür.)	1070	980 (2-tür.)	1010 (2-tür.)
Höchstgeschwind. km/h	148	148	152	150

Modell	Audi 60	Audi 75 Variant	Audi Super 90	Audi 100
Bauzeit	1968-72	1968-72	1966-1971	1968-71
Karosserie	Limousine und Kombi	Kombi	Limousine	Limousine
Motor	4 Zylinder Reihe	4 Zylinder Reihe	4 Zylinder Reihe	4 Zylinder Reihe
Bohrung x Hub mm	80 x 74,4	80 x 84,4	81,5 x 74,4	81,5 x 84,4
Hubraum ccm	1496	1696	1770	1760
Verdichtung	9,1 : 1	9,1 : 1	10,6 : 1	9,1 : 1
Leistung PS/min	55 /4750	75 / 5000	90 / 5200	80 / 5000
Gemischaufbereitung	1 Solex Fallstrom	1 Solex Fallstrom	1 Solex Reg.-Fallstrom	1 Solex Fallstrom
Getriebe	4V, 1R, Lenkradschltg.	4 V, 1 R Lenkradschltg.	4 V, 1 R Lenkradschltg.	4 V, 1 R Lenkradschltg.
Bereifung	6.15/155 - 13	6.45/165 - 13	6.45//165 S 13	165 SR14
Radstand mm	2490	2490	2490	2675
Spur vorn /hinten mm	1335 / 1326	1343 /1326	1335 / 1326	1420 / 1425
Länge x Breite x Höhe mm	4380 x 1626 x 1451	4380 x 1626 x 1456	4380 x 1626 x 1451	4590 x 1729 x 1421
Leergewicht kg	960 (2-tür.)	1100	1020 (2-tür.)	1050
Höchstgeschwind. km/h	137	150	163	156

Technische Daten

Modell	Audi 100 S	Audi 100 LS	Audi 100 Coupé S	Audi 100 L
Bauzeit	1968-71	1968-71	1970-71	1976-80
Karosserie	Limousine	Limousine	Coupé	Limousine
Motor	4 Zylinder Reihe	4 Zylinder Reihe	4 Zylinder Reihe	4 Zylinder Reihe
Bohrung x Hub mm	81,5 x 84,4	81,5 x 84,4	84 x 84,4	79,5 x 80
Hubraum ccm	1760	1760	1871	1588
Verdichtung	10,2 : 1	10,2 : 1	10,2 : 1	8,2 : 1
Leistung PS/min	90 / 5500	100 / 5500	112/ 5500	85/5800
Gemischaufbereitung	1 Solex Fallstrom	1 Solex Reg.-Fallstrom	2 Solex Reg.-Fallstrom	1 Solex Reg.-Fallstrom
Getriebe	4V, 1R, Lenkradschltg.	4 V, 1 R, Lenkradschltg.	4 V, 1 R, Mittelschltg.	4 V, 1 R, Mittelschltg.
Bereifung	165 SR14	165 SR14	185/70 HR14	155 SR14
Radstand mm	2675	2675	2560	2675
Spur vorn /hinten mm	1420 / 1425	1420 / 1425	1440 / 1440	1448 / 1425
Länge x Breite x Höhe mm	4590 x 1729 x 1421	4625 x 1729 x 1421	4398x 1750 x 1370	4590 x 1729 x 1421
Leergewicht kg	1060	1080	1100	1050
Höchstgeschwind. km/h	162	172	185	166

Modell	Audi 100 LS	Audi 100 GL	Audi 100 Coupé S	Audi 80
Bauzeit	1971-74	1971-76	1971-76	1972-6
Karosserie	Limousine	Limousine	Coupé	Limousine
Motor	4 Zylinder Reihe	4 Zylinder Reihe	4 Zylinder Reihe	4 Zylinder Reihe
Bohrung x Hub mm	81,5 x 84,4	84 x 84,4	84 x 84,4	75 x 73,4
Hubraum ccm	1760	1871	1871	1297
Verdichtung	9,7 : 1	10,0 : 1	10,0 : 1	8,5 : 1
Leistung PS/min	100 / 5500	112 / 5800	112 / 5800	55 / 5500
Gemischaufbereitung	1 Solex Reg.-Fallstrom	1 Solex Reg.-Fallstrom	1 Solex Reg.-Fallstrom	1 Solex Fallstrom
Getriebe	4V, 1R, Lenkradschltg.	4 V, 1 R, Mittelschltg.	4 V, 1 R, Mittelschltg.	4 V, 1 R, Mittelschltg.
Bereifung	165 SR14	165 SR14	185/70 HR14	155 SR13
Radstand mm	2675	2675	2560	2470
Spur vorn /hinten mm	1420 / 1425	1420 / 1425	1440 / 1440	1340 / 1335
Länge x Breite x Höhe mm	4635 x 1729 x 1421	4635 x 1729 x 1421	4398 x 1750 x 1370	4175 x 1600 x 1362
Leergewicht kg	1090	1100	1100	860 (2-tür.)
Höchstgeschwind. km/h	172	179	183	148

Technische Daten

Modell	Audi 80 S	Audi 80 LS	Audi 80 GL	Audi 80 GT
Bauzeit	1972-75	1972-75	1972-75	1972-75
Karosserie	Limousine	Limousine	Limousine	Limousine
Motor	4 Zylinder Reihe	4 Zylinder Reihe	4 Zylinder Reihe	4 Zylinder Reihe
Bohrung x Hub mm	76,5 x 80	76,5 x 80	76,5 x 80	79,5 x 80
Hubraum ccm	1471	1471	1471	1588
Verdichtung	9,7 :1	9,7 : 1	9,7 : 1	9,7 : 1
Leistung PS/min	75 / 5800	75 / 5800	85 / 5800	100 / 6000
Gemischaufbereitung	1 Solex Fallstrom	1 Solex Fallstrom	1 Solex Reg.-Fallstrom	1 Solex Reg.-Fallstrom
Getriebe	4 V, 1 R oder Automatik	4 V, 1 R oder Automatik	4 V, 1 R oder Automatik	4 V, 1 R
Bereifung	155 SR13	155 SR13	155 SR13	175/70 SR13
Radstand mm	2470	2470	2470	2470
Spur vorn /hinten mm	1340 / 1335	1340 / 1335	1340 / 1335	1340 / 1335
Länge x Breite x Höhe mm	4175 x 1600 x 1362	4175 x 1600 x 1362	4201 x 1600 x 1362	4201 x 1600 x 1362
Leergewicht kg	875 (2-tür.)	875 (2-tür..)	880 (2-tür.)	880 (2-tür.)
Höchstgeschwind. km/h	160	160	168	173

Modell	Audi 80 GL	Audi 80 GTE	Audi 50 LS/GL/GTS	Audi 50 LS/GLS
Bauzeit	1975-76	1975-78	1974-78	1974-78
Karosserie	Limousine	Limousine	Limousine	Limousine
Motor	4 Zylinder Reihe	4 Zylinder Reihe	4 Zylinder Reihe	4 Zylinder Reihe
Bohrung x Hub mm	79,5 x 80	79,5 x 80	69,5 x 72	75 x 72
Hubraum ccm	1588	1588	1093	1272
Verdichtung	8,2 : 1	9,5 : 1	9,3 : 1	8,2 : 1
Leistung PS/min	85 / 5600	110 / 6100	50 / 5800 (60/ 6000)	60 / 5600
Gemischaufbereitung	1 Solex Reg.-Fallstrom	Bosch K-Jetronic	1 Solex Fallstrom	1 Solex Fallstrom
Getriebe	4V, 1R oder Automatik	4 V, 1 R oder Automatik	4 V, 1 R	4 V, 1 R
Bereifung	155 SR 13	175/70 HR 13	135 (145)SR13	145 SR13
Radstand mm	2470	2470	2335	2335
Spur vorn /hinten mm	1340 / 1335	1340 / 1335	1295 /1310	1295 /1310
Länge x Breite x Höhe mm	4200 x 1600 x 1362	4200 x 1600 x 1362	3526 x 1560 x 1360	3526 x 1560 x 1360
Leergewicht kg	980 (2-tür..)	980 (2—tür.)	720	720
Höchstgeschwind. km/h	170	182	142	152

Technische Daten

Modell	Audi 80 L/GL	Audi 80 S/LS/GLS	Audi 80 LS/GLS	Audi 80 GLE
Bauzeit	1978-80	1978-80	1978-80	1978-80
Karosserie	Limousine	Limousine	Limousine	Limousine
Motor	4 Zylinder Reihe	4 Zylinder Reihe	4 Zylinder Reihe	4 Zylinder Reihe
Bohrung x Hub mm	75 x 72	79,5 x 80	79,5 x 80	79,5 x 80
Hubraum ccm	1272	1588	1588	1588
Verdichtung	8,2 : 1	8,2 : 1	8,2 : 1	9,5 : 1
Leistung PS/min	55 / 5800	75 / 5600	85 / 5600	110 / 6100
Gemischaufbereitung	1 Solex Fallstrom	1 Solex Fallstrom	1 Solex Reg.-Fallstrom	Bosch K-Jetronic
Getriebe	4V, 1R	4 V, 1 R oder Automatik	4 V, 1 R oder Automatik	4 V, 1 R
Bereifung	155 SR13	165 SR13	175/70 SR 13	175 /70 SR 13
Radstand mm	2541	2541	2541	2541
Spur vorn /hinten mm	1400 / 1420	1400 / 1420	1400 / 1420	1400 / 1420
Länge x Breite x Höhe mm	4383 x 1682 x 1365	4383 x 1682 x 1365	4383 x 1682 x 1365	4383 x 1682 x 1365
Leergewicht kg	920 (2-tür.)	960 (2-tür.)	960 (2-tür.)	980 (2-tür.)
Höchstgeschwind. km/h	146	160	165	182

Modell	Audi 100 L/GL	Audi 100 S/LS/GLS	Audi 100 5E,/L5E	Audi 100 5D/L5D
Bauzeit	1976-80	1976-78	1976-80	1978-80
Karosserie	Limousine, Avant	Limousine, Avant	Limousine, Avant	Limousine, Avant
Motor	4 Zylinder Reihe	4 Zylinder Reihe	5 Zylinder Reihe	5 Zylinder Reihe
Bohrung x Hub mm	79,5 x 80	86,5 x 84,4	79,5 x 86,4	76,5 x 86,4
Hubraum ccm	1588	1984	2144	1986
Verdichtung	8,2 : 1	9,3 : 1	9,3 : 1	23 : 1
Leistung PS/min	85 / 5600	115 / 5500	136 / 5700	70 / 4800
Gemischaufbereitung	1 Solex Reg.-Fallstrom	1 Solex Reg.-Fallstrom	Bosch K-Jetronic	Bosch Diesel-Einspr.
Getriebe	4V, 1R oder Automatik	4 V, 1 R oder Automatik	4 (5) V, 1 R od. Autom.	4 (5) V, 1 R od. Autom.
Bereifung	165 SR14	165 SR14	185/70 SR14	185/70 SR14
Radstand mm	2677	2677	2677	2677
Spur vorn /hinten mm	1470 / 1445	1470 / 1445	1470 / 1445	1470 / 1445
Länge x Breite x Höhe mm	4695 x 1768 x 1390	4695 x 1768 x 1390	4695 x 1768 x 1390	4695 x 1768 x 1390
Leergewicht kg	1110	1150	1210	1240
Höchstgeschwind. km/h	160	180	190	150

TESTEN SIE AUTO MOTOR UND SPORT.

auto motor und sport testet jedes Jahr über 400 Autos – vom VW Polo mit 45 PS bis zum 212.000 Mark teuren Porsche Turbo mit 408 PS. Moderne Meßmethoden, zwei Millionen Testkilometer pro Jahr sowie eine Test-Mannschaft mit langjähriger Erfahrung und sicherem Beurteilungsvermögen bilden die Basis für die anerkannte Testkompetenz von Europas großem Automagazin. Für Ein- und Aufsteiger der mobilen Gesellschaft ist auto motor und sport die kompetente Informationsquelle. Testen Sie uns. Alle 14 Tage neu bei Ihrem Zeitschriftenhändler und an Ihrer Tankstelle.

auto motor und sport